创新型素质教育精品教材

# 大学生安全教育

DAXUESHENG ANQUAN JIAOYU


主审　邱宏亮

主编　汪　亮　王忠林　姚镭栓

**内容提要**

安全教育是学校教育的重要组成部分，本书根据在校大学生的实际情况，系统介绍了大学生在日常学习与生活中应掌握的安全知识与技能。全书共八章，具体包括安全教育概述、国家安全、消防安全、谨防校园诈骗、防范校园盗窃、校园生活与学习安全、校外生活安全、应对自然灾害。

本书结构合理，内容实用，模块丰富，案例新颖，集实用性、指导性于一体，可作为高等职业院校学生安全教育课程的教材。

**图书在版编目（CIP）数据**

大学生安全教育 / 汪亮，王忠林，姚镭栓主编. -- 上海 ：上海交通大学出版社，2023.10（2024.7 重印）
ISBN 978-7-313-29424-1

Ⅰ. ①大… Ⅱ. ①汪… ②王… ③姚… Ⅲ. ①大学生－安全教育－高等职业教育－教材 Ⅳ. ①G641

中国国家版本馆 CIP 数据核字(2023)第 169818 号

**大学生安全教育**

DAXUESHENG ANQUAN JIAOYU

主　　编：汪　亮　王忠林　姚镭栓

出版发行：上海交通大学出版社　　地　　址：上海市番禺路 951 号
邮政编码：200030　　电　　话：021-64071208
印　　制：北京京华铭诚工贸有限公司　　经　　销：全国新华书店
开　　本：787 mm×1092 mm　1/16　　印　　张：15.5
字　　数：306 千字
版　　次：2023 年 10 月第 1 版　　印　　次：2024 年 7 月第 2 次印刷
书　　号：ISBN　978-7-313-29424-1　　电子书号：ISBN　978-7-89424-440-6
定　　价：54.80 元

# 前言

# Preface

学生是祖国的未来、民族的希望，承载了家庭、社会的众多期望。校园是学生成长的摇篮，是生活中的一方净土。随着我国教育事业的蓬勃发展和各项改革的不断深化，多层次、多形式的办学格局已经形成，各级学校已由过去封闭型的“世外桃源”变为开放型的“小社会”。各学校的安全形势更显复杂和严峻，危及学生人身、财产安全的事件，诱发学生违法犯罪的案件时有发生。为了增强学生的安全防范意识和自我保护能力，确保学生的人身、财产安全，各学校都大力开展学生的安全教育工作。安全教育已经成为学校教育的重要组成部分。

为此，编者根据在校大学生的实际情况编写了《大学生安全教育》一书，旨在帮助广大学生树立生命高于一切的理念，增强自我保护的意识和能力。本书内容涉及学生学习和生活的方方面面，为学生提供了全方位的安全教育辅导。

本书主要具有以下几个鲜明的特点。

### 1．立德树人，润物无声

党的二十大报告指出：“育人的根本在于立德。”本书有机融入党的二十大精神，积极贯彻“育人为本，德育为先”的理念，设置了“政策引领”“法制专栏”“创新强国”“华彩流光”“砥节砺行”等模块。

例如，本书通过介绍我国关于防范和打击电信网络诈骗犯罪、规范大学生互联网消费贷款监督管理、以招聘和介绍工作为名从事传销活动的专项整治工作等内容，增强学生的法制观念和安全意识；通过介绍我国在救援装备、城市治安、乙肝防治等方面取得的重大成就，增强学生的科技强国意识。

### 2．校企合作，协同育人

本书是在拥有丰富教学经验的一线双师型教师和企业专职人员的指导与支持下编写而成的，着重强化全书内容的实用性和针对性，力求促进学生将所学知识内化为自身素质，做到知行合一。

3．全新理念，注重实用

本书践行“以学生为中心”的理念，以帮助学生掌握各种安全事故的预防和应对技能为导向，突出实用性。每节理论知识后均设有“课后互动”模块，通过引导学生模拟安全情境，实现理论知识向实际应用的转化。

4．体例新颖，案例典型

本书设有“提示”“知识链接”等模块，能有效增强学生的阅读兴趣、拓宽学生的知识面。同时，本书还设置了“课后互动”模块，可充分调动学生学习的积极性，提升学生的学习效果。此外，本书设有大量新颖、典型的案例，通过这些案例，可以使学生切实感受到树立安全意识、掌握安全知识和技能的重要性。

5．平台支撑，资源丰富

本书配有丰富的数字资源。读者可借助手机或其他移动设备扫描二维码观看微课视频，也可登录文旌综合教育平台“文旌课堂”（www.wenjingketang.com）查看和下载本书配套资源，如教学视频、优质课件、教案等。

此外，本书还提供了在线题库，支持“教学作业，一键发布”，指导教师只需要通过微信或“文旌课堂”App 扫描扉页二维码，即可迅速选题、一键发布、智能批改，并查看学生的作业分析报告，提高教学效率、提升教学体验。学生可在线完成作业，巩固所学知识，提高学习效率。

本书由邱宏亮担任主审，汪亮、王忠林、姚镭栓担任主编，刘义光担任副主编。在编写过程中，编者参阅了有关学生安全教育的大量资料，在此向这些资料的作者表示衷心的感谢。

由于编者水平有限，书中存在的疏漏和不当之处，恳请广大读者批评指正，以便不断提高教材水平。

特别说明：

（1）本书在编写过程中，参考了大量的资料并引用了部分文章和图片等。这些引用的资料大部分已获原作者授权，但由于部分资料来自网络，我们未能确认出处，也暂时无法联系到原作者。对此，我们深表歉意，并欢迎原作者随时与我们联系（电话：400-117-9835），我们将按规定支付酬劳。

（2）本书所选案例均来源于真实事件，但为了避免引起不必要的误会，部分人物使用了化名。

片 头

# 目 录

# Contents

# 第一章

# 安全教育概述

# 第一节　安全教育的内涵和目标

大学生是祖国的未来、民族的希望，是我国社会主义事业的建设者和接班人，大学生的安全不仅关乎个人的生命和财产的安全，还关乎家庭的幸福美满、社会的和谐稳定和国家的长治久安。大学生作为一个庞大的群体，其安全教育还存在许多薄弱环节，因此加强大学生安全教育具有重大的理论和现实意义。

**案例1　“一时之快”饮恨一生**

某日晚自习过后，某高校大学生孙某与多名同学一起在寝室内饮酒、唱歌。其间，孙某想到了刚认识不久的女生董某，于是就打电话让董某来男生寝室。董某虽然再三推脱，但最终还是没能经受住孙某的软磨硬泡。为了躲避寝室管理员的盘查，孙某等人从卫生间的窗户处将董某拉进男生寝室楼。

董某进入男生寝室后，也跟着这群男生喝酒、唱歌。快到凌晨时，孙某将其他同学支开并强行关上门，当晚两次强行和董某发生了性关系。第二天，董某在家人的协助下报了警，警方介入调查。孙某交代了违法犯罪事实后，被依法刑事拘留。后经法院审理，孙某因犯强奸罪，被判处有期徒刑3年。

（资料来源：豆丁网，有改动）

## 一、安全教育的内涵

什么是安全教育？所谓安全教育，既是指教育者对教育对象施加的以安全问题为主要内容的系统性教育活动和教育影响，又包括对教育对象进行的自我安全教育。

什么是大学生安全教育？所谓大学生安全教育，是指高校依照国家有关法律法规的规定，组织老师对大学生进行国家安全法规、学校安全规章制度及纪律、安全防范知识和技能教育的活动。

高校对大学生进行安全教育，旨在引导大学生树立正确的世界观和人生观，增强其安全意识，提高其安全防范、自我保护和应急救护的能力，最终促进大学生的全面发展，维护社会的安全稳定。

## 二、安全教育的目标

如今，大学校园的开放程度越来越高，大学生所面临的各种不安全因素也随之增多，大学生遭遇的各类安全事故数量也在逐年上升。大学生发生安全事故，不仅会给个人的学业、身心健康等带来负面影响，还会给家庭带来不安和痛苦。因此，大学生要树立安全意识，认真学习安全知识，掌握安全防范技能，做到思则有备、有备无患，防患于未然。

### （一）树立安全意识

#### 1．遵纪守法和文明修身的意识

要树立安全意识、安全观念，大学生首先应增强法律意识，要学法、懂法、用法；其次应加强自身修养，提高自身道德素质，避免因自身的素质问题而陷入冲突之中，使自身受到不安全因素的威胁。

#### 2．认知安全形势的意识

大学生应对所处环境的安全形势有一个全面的认知。虽然当前社会治安形势基本稳定，校园安全整体处于较高水平，但随着经济的发展和社会的不断转型，大学生的生活环境也在发生变化，而且还存在着很多不安全因素。对此，大学生应引起重视，尽快树立起正确认知安全形势的意识。

（1）对社会治安形势的认识。当前，社会治安形势总体稳定，但一些不安全状况仍不可避免，如各类刑事、民事经济犯罪案件时有报道，隐蔽的高科技犯罪不断增长，利用网络实施违法犯罪的活动频频发生，毒品交易、卖淫嫖娼、非法传销等犯罪数量也相对增多。另外，自然灾害、火灾、流行性传染疾病、食品安全、公共安全等事故也常常发生。这些都不同程度地影响着大学生的正常生活。

（2）对高校安全状况的认识。大学校园的不安全状况主要表现在以下几个方面：一是针对大学生的盗窃、诈骗等犯罪活动有所增加；二是大学生伤人的恶性事件时有发生；三是校园安全事故时常发生；四是大学生网络犯罪率上升较快；五是大学生暴力侵害和性侵害的案件不断出现；六是心理疾病造成在校大学生轻生和出走人数逐年增多。

#### 3．安全防范的意识

面对当前社会中存在的不安全因素，大学生应自觉树立安全防范意识，对安全隐患要早做心理准备，同时要具备一定的安全防范能力，保护好自己，尽量避免社会中的不安全因素对自身造成伤害。

知识链接

## 大学生应具备的安全防范能力

**1. 对坏人的识别能力**

随着社会的不断发展，坏人的骗人伎俩越来越高明，也越来越智能化，而生活在象牙塔里的大学生因缺少对社会复杂性的认知，缺少必要的安全知识，以致在坏人面前屡屡受到伤害。这些伤害危及了大学生的个人财产安全、身心健康，甚至是生命安全。相反，如果大学生具备识别坏人的能力，在学习、生活和社会实践中就能够未雨绸缪，避免许多不安全事故的发生，从而最大限度地减轻伤害和损失。

**2. 对各类陷阱的识破能力**

一方面，大学生应能识别网络、电信中的各类诈骗信息、非法诱惑等陷阱，对不明信息应保持警惕，以防上当受骗；另一方面，大学生应保持高度的政治警惕，防止国外敌对势力破坏我国政治稳定和窃取国家秘密。

**3. 对潜在危险保持敏感的能力**

一方面，即使处于安全环境，也要居安思危，避免发生不可防范的危险；另一方面，应对外部环境存在的潜在危险时刻保持警惕，以便及时发现安全隐患，采取必要措施，从而减少人员伤亡和财产损失。

### 4. 危机意识

危机意识是指对紧急或困难关头的感知及应变能力。在日常生活中，很多不安全事故的发生是没有预兆的，这就要求大学生时刻具备危机意识，在面对突发事件时，应能在最短的时间内做出正确判断，第一时间采取有效措施帮助自己和他人脱离危险。

每个大学生在成长过程中都可能会遇到危险或面临突发的危急情况。这就要求大学生平时多学习和积累安全知识，掌握危急情况的处理方法，在真正遇到危险时能临危不乱，利用身边有利条件将所掌握的安全知识运用好、发挥好，最大限度地减少损失和伤害。

### 5. 维护国家安全的意识

每个公民都有维护国家安全的责任和义务。大学生作为国家未来的建设者和接班人，更要有维护国家安全的意识，要保持高度警惕，严格保守国家秘密，不透露任何涉及国家安全的信息，维护好国家安全，在面对危害国家安全的行为时要勇于斗争、善于斗争。

#### 6. 培养健康心理的意识

随着教育改革的深化和社会竞争的加剧，部分大学生存在着各种心理问题，并引发了一系列安全问题，严重影响了大学生的正常学习和生活。为了避免因心理问题而引发安全事故，大学生应主动接受心理健康教育，提高心理健康水平。

首先，应树立正确的人生观、价值观，培养责任意识，学会冷静分析问题，克服困难；其次，应培养健康的心理品质和良好的心理素质，学会调整心态，克服心理障碍，避免情绪极端化。

### （二）认真学习安全知识

通过安全教育，大学生应当认真学习并掌握安全的基本知识、与安全问题息息相关的法律法规和校纪校规，以及安全问题所包含的基本内容与诱发因素等。

### （三）掌握安全防范技能

通过安全教育，大学生应当了解并掌握安全防范技能、安全管理技能，以及自我保护技能和必要的急救技能，以养成在日常生活和突发安全事故、安全灾害中正确应对的行为习惯，最大限度地预防和减少安全事故和安全灾害对自身造成的危险与伤害，从而保障自身健康快乐地成长。

**课后互动**

以小组为单位，就以下问题进行交流、讨论。

★ 安全教育有哪些目标？

★ 大学生应树立哪些安全意识？

**笔记**

## 第二节 安全教育的内容

随着社会的发展，校园社会化日益明显，各种商业性质的商店、饭店、网吧等遍布校园内及周边地区，校园逐渐成为一个开放的教育园区。这使得大学生的生活环境存在一定的安全隐患：一方面，校园日益暴露在社会环境之中，学生与社会频繁接触，增加了不安全事故发生的概率；另一方面，一些大学生缺乏必要的安全知识与防范技能，且安全防范意识差，不安全因素时刻都在危及他们的人身和财产安全。因此，大学生接受安全教育、掌握安全知识十分必要。

### 一、安全知识

安全知识的内容非常广泛，主要包括以下几个方面。

（1）日常生活安全知识。它主要包括防盗窃、防抢劫、防诈骗、防非法诱惑、防暴力侵害、防性侵害、防食物中毒、防传染疾病等方面的知识。学习日常生活安全知识的目的是增强大学生的自我保护能力，确保他们的人身和财产安全不受侵犯。

（2）交通安全知识。它主要包括步行安全常识、骑车安全常识、驾驶安全常识、乘坐交通工具安全知识、安全事故应急处置等。学习交通安全知识的目的是使大学生掌握必要的交通常识，提高出行安全意识，避免发生意外交通事故。

（3）消防安全知识。它主要包括用电、用火安全知识，发生火灾时的自救和逃生知识，以及灭火技术等。学习消防安全知识的目的是使大学生明确火灾的起因，学习火灾逃生技巧和灭火技术，避免因个人过失而引起火灾，以及在遇到火灾时能够快速逃生。

（4）心理健康知识。它主要包括大学生常见的心理问题，以及对常见心理问题的预防与应对。学习心理健康知识的目的是增强大学生调节心理及情绪的能力，使其拥有正确的人生观和积极健康的心态。

（5）实习实训安全知识。它主要包括顶岗实习、社会实践和海外实习中的安全防范知识。学习实习实训安全知识的目的是增强大学生识别社会实践陷阱的能力，

提高他们对实习实训安全的防范意识，从而使他们能够顺利完成在校期间的实习实训任务。

## 二、安全演练和技能培训

面对不安全事件，大学生不能回避，应积极且灵活地应对。大学生可通过参加安全演练和技能培训，提高自身应对安全事故的能力，确保在安全事故发生时能及时应对，并减少损失。

大学生应接受的安全演练和技能培训主要有：① 消防演练（见图 1-1）；② 防震逃生演练；③ 防空演练；④ 急救方法培训；⑤ 野外生存技巧培训；⑥ 心理健康培训；⑦ 求职安全培训。

图 1-1　消防演练

实践证明，安全演练和技能培训可在灾害事故发生时大大减少人员伤亡和财产损失。例如，在汶川大地震中，桑枣中学两千多名师生全部成功逃生，无一死伤。这主要归功于该校校长叶志平对安全演练工作的重视。桑枣中学每学期都会组织一次全校师生紧急疏散演练。演练时每个班级的疏散路线都是划定好的，在每个班级内，前四排学生走教室前门、后四排学生走教室后门。对于安全演练，有的学生觉得好玩，有的老师觉得小题大做，可校长叶志平却不为所动，仍坚持安全演练。在汶川大地震发生时，平时紧急疏散演练形成的习惯使该校全体师生顺利逃生。因此，大学生参加安全演练活动时应严肃认真，绝不能只是走过场、搞形式，敷衍了事。

## 课后互动

以小组为单位，就以下问题进行交流、讨论。

★ 安全教育的内容有哪些？

★ 你所在的学校是通过哪些方式进行安全教育的？

★ 你认为还有哪些更好的方法能够帮助大学生学习安全知识、掌握安全技能？

笔记

# 第三节 大学生违法犯罪

近年来，随着高校办学规模的逐年扩大，办学层次更加多样化，招生人数逐年增加，学生群体文化层次各异，政治思想和道德水平差别较大，学生素质参差不齐。加之学校并未对学生的思想道德教育、法制教育、心理健康教育等素质教育引起重视，导致大学生违法犯罪的案件呈上升态势。

**案例2 大学生投毒案**

林某和黄某是某大学同一级、同一专业的硕士研究生同学，并且两人还住同一间寝室。在日常的相处过程中，林某因琐事而对黄某不满，于是他决定采用投放毒物的方式加害黄某。

一天上午，林某趁室内无人之机，将事先准备好的剧毒化学品投放到了黄某常用的保温杯内。黄某在不知情的情况下，喝下了该保温杯内的水，随后便出现了呕吐等症状，并于当日中午至附近医院就诊。在就诊过程中，黄某因病情严重而被转至重症监护室。

黄某所在学校也在第一时间选择了报警，警方介入调查。林某在第一次接受公安人员调查询问时，未说出实情。直到公安机关在确定林某有作案嫌疑并对其传唤后，林某才如实交代了违法犯罪事实，被依法刑事拘留。后经法院审理，林某因犯故意杀人罪，被判处死刑，剥夺政治权利终身。

（资料来源：大河网，有改动）

## 一、大学生违法犯罪的特点

### （一）暴力型犯罪升级

暴力型犯罪以往在青少年犯罪中所占比例不是很大，但近些年来呈迅速增长趋势。校园暴力犯罪后果非伤即残，甚至出现一些严重的恶性刑事案件，如云南大学马加爵恶性杀人事件。

### （二）犯罪形式多样化

大学生违法犯罪的形式多种多样，常见的有以下几种：① 与完成学业有关的违法行为，如在考试中作弊（代考、用手机传递答案等）、论文抄袭、盗取考题等；② 网络违法行为，如在网上传播“黄、邪”及反动的文章、传播病毒、诈骗、诽谤他人等；③ 与钱财相关的一般刑事案件，如盗窃、抢劫、诈骗、赌博、贩卖淫秽图书音像制品等；④ 与性有关的犯罪，如强奸、轮奸、流氓淫乱、卖淫等；⑤ 暴力型犯罪，如打架斗殴、故意毁坏公私财物、故意伤害、故意杀人、报复行凶等。

### （三）犯罪智能化

近年来，大学生犯罪向智能化方向发展。例如，大学生黑客对计算机网络进行恶意破坏，利用计算机知识破译并盗用他人密码窃取钱财，利用摄像、录音、通信、电脑合成等手段作案，制造电击手枪、麻醉剂等犯罪工具，等等。

## 二、大学生违法犯罪的原因

大学生违法犯罪有其深刻的客观和主观原因。客观原因包括社会环境的不良影响、学校教育管理的疏漏和家庭教育的缺陷；主观原因即大学生自身存在的问题，如法律意识淡薄，心理不健康、不成熟，自身需要发生偏斜等。

### （一）社会环境的不良影响

#### 1. 市场经济发展的负面作用

市场经济迅速发展，社会成员的贫富差距逐渐拉大。在经济体制转轨过程中还存在着法制不够健全、执法不公和贪污腐败等问题。复杂的社会现象使得少数大学生的人生观和价值观发生偏轨，金钱万能、金钱至上的腐朽思想成了他们的人生信条。近年来，大学生盗窃、抢劫、诈骗等违法犯罪行为正是极少数大学生价值观念偏轨的真实反映。

#### 2. 不同文化冲突产生的负面影响

对外开放后，涌进来的西方文化同本民族文化发生冲突，西方资产阶级“及时行乐”“性解放”等观念及一些腐朽的生活方式，强烈冲击着中华民族的思想道德观念，也影响着大学生正确人生观、价值观的形成，甚至诱发和刺激少数大学生违法犯罪。

### 3．网络带来的负面影响

网络是一把双刃剑，若利用不好，则会对青少年的世界观、人生观、价值观、道德人格、心理和社会交际产生深刻的负面影响。个别大学生常常陷入不良信息的漩涡，从好奇发展为寻刺激，再发展到对主流观点产生怀疑，最后变为麻痹、偏激，以致失去人生目标和信念。

一些大学生在网上宣泄着现实生活中的压抑、不满、妒忌、委屈心理，用一种虚拟的方式来安慰、刺激和麻痹自己。而这些以前是可通过社会、集体和家庭的一系列活动来降解和转化的。虚拟世界与现实生活所形成的巨大反差将使大学生的道德观和责任感削弱，严重的还会导致他们脱离社会、集体和家庭，陷入封闭的自我世界。他们有时会把虚拟世界中的游戏规则乃至情节不加分别地挪用到现实中来。这不仅会造成大学生人际关系的紧张局面，还可能产生严重的不良后果。

## （二）学校教育管理的疏漏

### 1．思想道德教育、法制教育的措施不得力

在教育体制方面，大多数高校依旧相对重视专业教育，轻视德育。在德育工作上，一些高校虽然配备了专门负责学生教育管理的政治辅导员，设置了有关法律方面的课程，但种种原因还是导致大学生思想道德教育、法制教育在某种程度上流于形式。

### 2．对大学生心理素质教育重视不够

近年来，高校加强了对大学生身体素质的培养，但是对大学生心理素质培养的重视程度还是不够。处于青年期的大学生心理起伏比较大、易冲动，自我控制能力较差，做事欠考虑。有些大学生面对纷繁复杂的大学生活未能及时做出正确的心理调整，出现心理障碍甚至心理疾病。在这种情况下，如果没有得到正确的引导，他们很容易走上歧途。尽管大部分高校设置了心理咨询中心，但实际上不少形同虚设，没有起到实质性的作用。

### 3．校园管理不严

目前，一些大学的管理存在着不少疏漏之处，如对大学生夜不归宿、吸烟酗酒、沉迷网络、贪玩厌学等不良行为，未进行及时有效的控制；对迟到、旷课等违纪行为，未给予及时和适当的教育和处理；等等。这些问题与校纪校规存在不完善、不合理之处有一定的关系，因此敲响校园安全警钟刻不容缓。

### （三）家庭教育的缺陷

家庭教育对一个人的成长起到至关重要的作用。但是，目前许多家庭教育仍存在一些缺陷。

第一，家长素质低下，言行不检点，对子女成长造成不良影响。例如，某高校一名大学生从小就有偷拿别人东西的坏习惯，其父不但不批评教育，反而夸奖。考上大学后，由于本性不改，该学生终因盗窃同学的现金而被查处。

第二，家庭教育的失当也容易造成不良后果。首先，家庭教育的失当表现在教育的方法上。有的家长专制粗暴，对子女的要求过分严厉，甚至打骂子女；有的家长对子女漠不关心，放任自流。这两种教育方法都容易因双方缺乏沟通、理解而造成孩子人格的缺陷，如孤僻、冷酷、桀骜不驯、有暴力倾向等。有的家长对子女过分溺爱，充分满足其物质方面的要求，包庇其缺点错误，从而使子女养成众多不良习气。其次，家庭教育的失当还表现在教育的内容上。在“高考指挥棒”的压力下，有些家长只关注孩子的分数，而忽视了他们健康心理的发展、健全人格的培养和良好习惯的养成。

第三，家庭结构的残缺也会影响大学生的健康成长。有调查数据显示，单亲家庭的青少年的犯罪率高于正常家庭的青少年。在单亲家庭中，一些家长往往不能正常地担负起对子女的监护和教育责任，一方面可能为了补偿子女而过分溺爱，另一方面可能因自身的不良情感状况而对子女情感淡漠。在这种环境下成长的孩子往往孤独怪癖，一旦遇到挫折，无人倾诉，就很容易走极端。

### （四）大学生自身存在的问题

#### 1. 法律意识淡薄

虽然各高校普遍开展了法律基础课，但仍有个别学生没有从思想、感情上接受法律，没有知法、懂法、守法的观念，他们学习法律仅仅是为了应付考试。

一个人只有知法、懂法，才能主动地守法、用法、护法，才能将法律规范变为内在的行为准则。例如，有的大学生搞“哥们儿义气”，看见本班或同乡与人打架，竟不分青红皂白“拔刀相助”，而不是上前制止或报警。正是因为缺乏法律意识，所以大学生因打球、就餐、占座位等矛盾而引发的群体斗殴事件在大学校园内时常发生。

#### 2. 心理不健康、不成熟

大学生的违法犯罪行为与其不健康、不成熟的心理有着直接的联系，目前在校

大学生存在以下不健康心理现象。

（1）遇到挫折后，便悲观失望，逐渐形成不求上进的消沉心理，有的甚至产生心理变态。

（2）是非颠倒的逆反心理。在违法犯罪的大学生中可以看到，越是大张旗鼓宣传的先进典型，他们越是反感；越是反复讲的正面道理，他们越是不听；越是“严禁”“制止”的东西，他们越是猎奇追求；越是为现实社会所唾弃的人和事，他们越是崇拜和模仿。这种带有偏执、狂妄特征的逆向心理定式，使他们拒绝接受正确的思想教育。这就使得丑恶腐朽的东西乘虚而入，成为他们违法犯罪的思想基础。

（3）脱离现实的幻想心理。大学生对未来充满了向往和追求，同时又有着强烈的自我实现欲望。当他们认为的理想与现实差距甚远，理想成为泡沫时，常常会恼羞成怒。此时，如得不到适当的疏导，他们中的一部分人极易发生激情违法行为。

（4）对社会发展的焦虑心理。大学生的社会焦虑心理是一种对外部环境的应激状态，动荡不安、恐慌紧张是其外在表现形态。大学生社会焦虑心理的“内核”是价值观的变化。大学生的价值取向正由传统的群体本位向个体本位、单一取向向多元取向发展；同时，其思想行为具有随机性和偶发性。各种社会消极现象使部分大学生表现出无奈、不满和偏激情绪，导致他们在处理自我与社会的关系时难以达到合理的平衡。这种不平衡的社会心理，会因学习压力、就业竞争日趋加剧而被强化。因此，个别大学生表现出过度的焦虑、无助等不良情绪，甚至产生厌世避世、沉溺于刺激等不良行为。

#### 3. 自身需要发生偏斜

（1）追求享乐需要。这是大学生中较为普遍存在的一类。据有关调查，盗窃犯罪约占大学生犯罪总数的 50%，居大学生犯罪的首位。这种犯罪行为的发生大多与这些大学生追求享乐的心理需要有关。这类大学生的家庭条件往往并不困难，但他们追求高消费，享乐成了优势需要。一旦经济“吃紧”，向家里“伸手”难以满足时，便会产生盗窃的动机。调查显示，女生只占大学生犯罪的极少数，但其中从事卖淫和盗窃的则占 70%，而她们犯罪的主要原因就是为了满足享乐。

### 案例3 大学生为满足虚荣心，铤而走险替人贩卖毒品

某高校大学生杨某，家庭条件较好。在大学期间，她结交了一些有钱的朋友，她们经常穿名牌衣服，用高档化妆品。为了融入有钱人的圈子，她经常购买各种奢侈品，但这些仅靠每月父母给她的生活费是远远不够的。为了用更多的钱来满足自己的虚荣心，她竟在即将毕业的前夕干起了替人贩卖毒品的事，第一次就被公安机关当场抓获。

杨某被依法判处拘役3个月，并处罚金1 000元。其所在学校根据《学院违纪处分管理办法》规定，给予了杨某开除学籍的处分。

（资料来源：中国禁毒网，有改动）

（2）满足报复需要。在大学生的犯罪类型中，打架斗殴、强奸等人身伤害的犯罪类型是仅次于盗窃犯罪的第二大类案件。这类案件中约有30%是由于大学生极强的报复心理所引起的。有的大学生恋爱不成，因爱生恨报复对方；有的仅仅因为一句玩笑话或一点儿小事，就认为被对方侮辱便杀害或打伤对方。

（3）寻求刺激需要。大学生普遍具有较强的求知欲，但如果在求知欲中出现低级的情绪体验——寻求刺激成为优势需要时，往往会产生满足自我畸形的求新求奇的心理。例如，南京某高校一位女大学生煞费苦心地设计作案手段实施盗窃，并将盗窃来的物品精心销毁。被捕后她坦言：“我是在模仿警匪片中的情节，每次作案时都感觉特别刺激，每次得手后都充满了成就感。”

## 三、大学生违法犯罪的预防

### （一）学校方面

#### 1. 加强道德、纪律和法制教育

对大学生进行道德、纪律和法制教育，可以提高大学生的思想境界，提高大学生抵御各种不良影响的能力，消除大学生违法犯罪的动机，从而构筑起预防违法犯罪的第一道防线。道德教育主要是帮助大学生抛弃极端个人主义、拜金主义、享乐主义等思想，形成集体主义、奉献精神和服务意识。道德是自律，纪律和法律是他律。通过执行纪律和法律，不仅可以惩戒和教育违法违纪者，还可以鼓励遵纪守法者，提高人们的道德境界。

高校法制教育的核心就是培养大学生的法律意识，增强大学生的法制观念，不断提高大学生遵守法律、依法办事、依法维护自身的合法权益、运用法律手段同违法犯罪行为做斗争的自觉性。大学生暴力犯罪往往起因简单，后果严重，因此法制教育要结合法律基础和其他法学选修课的理论教学，结合身边的案例，以案说法，分析起因，讨论危害，强调教训，以帮助大学生筑起一道远离违法犯罪的思想防线。

### 2. 完善和落实大学生心理救援机制

首先，学校要有意识地开展心理健康知识讲座，让心理咨询走进课堂，从而帮助大学生更好地应对心理问题。其次，要将学校的心理教育切实落到实处，不要流于形式，采用案例教学，激发大学生的学习兴趣。再次，要建立以寝室、年级、学校为单位的大学生心理健康网络管理中心，对学生进行心理测试和调整。最后，学校应当成立心理咨询室，使大学生的心理问题可以及时得到解决，避免因心理问题积累而酿成犯罪。同时，学校要大力鼓励大学生到心理咨询室进行咨询，以培养健康的心理。

**政策引领**

#### 坚持全面推进科学立法、严格执法、公正司法、全民守法

坚持全面推进科学立法、严格执法、公正司法、全民守法是全面依法治国新理念新思想新战略的重要组成部分，是指引我们走向法治中国的新时代社会主义法治建设方针。

（1）科学立法。科学立法主要是指所制定的法律内容必须反映中国的实际，符合客观规律，保证法律法规件件能够有效落地；同时，立法的过程和方法必须科学化，也必须符合立法规律。科学立法是推进全面依法治国、建设法治中国的前提。

（2）严格执法。严格执法是推进全面依法治国、建设法治中国的关键。执法者必须依法履行职责，遵守宪法和法律，严格依法办事。

（3）公正司法。司法是司法机关依照法定职权和程序，认定事实、适用法律、处理纠纷、解决争议、惩罚犯罪的法律实施活动。司法的价值目标是追求公平正义。只有司法是公正的，全面依法治国才能达到预期的效果。

（4）全民守法。全民守法要求任何组织或个人都必须在宪法和法律的范围内活动，坚持宪法法律地位上的至上性和适用上的平等性，任何组织和个人都不具有超越宪法和法律之上的特权，杜绝以权压法、以言代法、徇私枉法。全民守法是推进全面依法治国、建设法治中国的基础。

（资料来源：法制日报，有改动）

### （二）家庭方面

家庭是社会的细胞，遏制大学生违法犯罪首先要从家庭教育入手。家庭作为公民道德教育的重要场所，要从娃娃抓起，深入浅出地进行教育，并通过每个成员良好的言行举止，相互影响、共同教育，从而形成好的家风。

子女是需要爱的，但这种爱应该是正向的、适当的。因此，家庭教育要加强社会公德、社会责任、是非观念等方面的教育，家长要以民主的方式，在思想上、心理上对子女予以关爱、进行教育。

### （三）个人方面

（1）自觉接受法制教育，学习法律知识，增强自己的法制观念和法律意识。只有这样，才能做到不犯法，同时能在遇到危险时用法律手段保护自己。

（2）自觉抵抗各种诱惑，防止享乐思想对自己的侵蚀。要坚信只有依靠自己的双手，才能创造出属于自己的财富。

（3）主动了解、认识西方文化，增强鉴别能力和批判能力。清楚地了解本民族文化与西方文化各自的历史渊源和特色，以及两者之间的差异，培育爱国主义情操，树立文化自信，既不崇洋媚外，也不盲目排外。

（4）通过参加各类实践活动、阅读优秀文学作品、观看优秀影视剧等多种方法和途径培养良好的人格品质。

（5）科学合理地安排自己的生活，学会科学用脑、劳逸结合，同时养成健康的生活方式，如加强体育锻炼、不吸烟、不酗酒等。

（6）学会建立和谐的人际关系，能够接纳、包容他人，使自己的心理处于轻松愉快之中。

（7）要克服自卑心理，正确地看待自己，对自己充满信心。

（8）能够控制情绪，增强适应社会的能力，学会处理现实与理想的矛盾，学会自我调适。

## 课后互动

以小组为单位，就以下问题进行交流、讨论。

★ 大学生犯罪的原因有哪些？你认为主要原因是什么？为什么？

★ 作为大学生，应如何避免违法犯罪？

笔记

# 综合测试

## 一、填空题

（1）＿＿＿＿＿＿＿＿是指高校依照国家有关法律法规的规定，组织老师对大学生进行国家安全法规、学校安全规章制度及纪律、安全防范知识和技能教育的活动。

（2）安全知识的内容非常广泛，主要包括＿＿＿＿＿＿、＿＿＿＿＿＿、＿＿＿＿＿＿、＿＿＿＿＿＿、＿＿＿＿＿＿。

（3）大学生违法犯罪的特点包括＿＿＿＿＿＿、＿＿＿＿＿＿、＿＿＿＿＿＿。

## 二、单项选择题

（1）学校开展安全教育的作用不包括（　　）。

A．引导大学生树立正确的世界观和人生观

B．提高大学生安全防范、自我保护和应急救护的能力

C．提高家长的自我保护能力

D．促进大学生的全面发展，维护社会的安全稳定

（2）下列选项中，不属于违法犯罪行为的是（　　）。

A．在网上散播谣言　　B．不搀扶老奶奶过马路

C．盗窃、抢劫、诈骗、赌博　　D．打架斗殴、故意毁坏公私财物

（3）大学生违法犯罪的原因不包括（　　）。

A．复杂的社会使部分大学生的人生观和价值观发生扭曲

B．一些学校对大学生的思想政治教育和法制道德教育形式单调，内容僵化，针对性不强

C．大学生心理尚未完全成熟

D．大学生活丰富多彩

## 三、简答题

大学生应如何预防违法犯罪？

# 学习成果评价

指导老师根据学生的实际学习成果对学生进行评价，学生配合指导老师共同完成表 1-1 所示的学习成果评价表。

表 1-1 学习成果评价表

<table>
<tr><td>班级</td><td></td><td>组号</td><td></td><td>日期</td><td></td></tr>
<tr><td>姓名</td><td></td><td>学号</td><td></td><td>指导老师</td><td></td></tr>
<tr><td>学习成果/模块名称</td><td colspan="5">安全教育概述</td></tr>
<tr><td>评价项目</td><td colspan="2">评价内容</td><td>评价方式</td><td>满分/分</td><td>评分/分</td></tr>
<tr><td rowspan="6">知识<br>40%</td><td colspan="2">安全教育的内涵</td><td rowspan="6">理论测试</td><td>6</td><td></td></tr>
<tr><td colspan="2">安全教育的目标</td><td>6</td><td></td></tr>
<tr><td colspan="2">安全教育的内容</td><td>8</td><td></td></tr>
<tr><td colspan="2">大学生违法犯罪的特点</td><td>6</td><td></td></tr>
<tr><td colspan="2">大学生违法犯罪的原因</td><td>6</td><td></td></tr>
<tr><td colspan="2">大学生违法犯罪的预防</td><td>8</td><td></td></tr>
<tr><td rowspan="3">技能<br>40%</td><td colspan="2">杜绝社会环境的不良影响</td><td rowspan="3">实践操作</td><td>15</td><td></td></tr>
<tr><td colspan="2">抵御外来文化糟粕的侵蚀</td><td>10</td><td></td></tr>
<tr><td colspan="2">认识并分析自身存在的问题</td><td>15</td><td></td></tr>
<tr><td rowspan="5">素养<br>20%</td><td colspan="2">积极参加教学活动，主动学习、思考、讨论</td><td rowspan="5">综合评判</td><td>6</td><td></td></tr>
<tr><td colspan="2">认真负责，按时完成学习任务</td><td>4</td><td></td></tr>
<tr><td colspan="2">谦虚勤勉，能够认识到自己的不足</td><td>4</td><td></td></tr>
<tr><td colspan="2">团结同学，热情友善</td><td>4</td><td></td></tr>
<tr><td colspan="2">守正创新，自信自强</td><td>2</td><td></td></tr>
<tr><td colspan="4">合计</td><td>100</td><td></td></tr>
<tr><td>自我评价</td><td colspan="5"></td></tr>
<tr><td>指导老师评价</td><td colspan="5"></td></tr>
</table>

## 安全小讲堂

扫一扫

安全意识和安全知识

大学生常见违法犯罪分析与预防

# 国家安全

# 第一节　国家安全意识的树立

国家安全高于一切。作为公民，每个人都应该树立基本的国家安全观念，自觉将维护国家安全、保守国家秘密作为应尽的义务。各地各高校更要积极开展全民国家安全教育宣传活动（见图 2-1），以引导当代大学生进一步增强国家安全意识，珍惜国家荣誉，维护国家主权和领土完整，自觉维护国家意识形态安全。

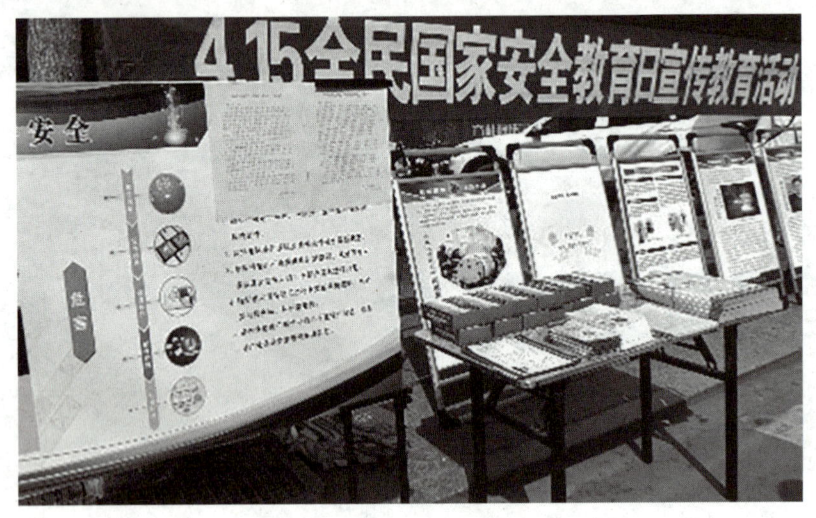


图 2-1　国家安全教育宣传活动

## 案例 1　泄露国家机密，黄某罪不可赦

黄某，生于 1974 年，计算机专业毕业，曾在某涉密科研单位工作。为了满足自己的物质欲望，黄某主动向境外间谍组织提供了 15 万余份资料，其中包括绝密级国家秘密 90 项、机密级国家秘密 292 项、秘密级国家秘密 1 674 项，给我国多个部门造成了难以估量的损失。

最终，黄某因犯间谍罪被依法判处死刑，剥夺政治权利终身，并被收缴间谍经费。黄某间谍案告破后，他原来就职的单位有 29 人受到了不同程度的处分，黄某的妻子唐某、姐夫谭某也因犯过失泄露国家秘密罪被分别判处 5 年有期徒刑、3 年有期徒刑。

（资料来源：中国青年网，有改动）

### 案例2 利诱当前，他竟成了他国间谍

某年8月底，徐某在聊天群里发了一条“寻求学费资助8 000元”的求助帖。不久，一个网名为“Miss Q”的人回帖，在询问过徐某的具体信息后，表示愿意提供帮助。第二天，徐某就收到了8 000元汇款。Miss Q告诉徐某，他是一家境外投资咨询公司的研究员，需要为客户搜集军队装备采购方面的资料，希望徐某协助，作为资助学费的回报。徐某爽快地答应了。

同年9月，Miss Q又向徐某提供了一份“调研员”的兼职，月薪1万元。徐某所在的城市有一个军港和一家历史悠久的造船厂，徐某的工作就是到军港拍摄军事设施和军舰的照片，到造船厂观察、记录在造和在修舰船的情况，并将有舰船方位标识的电子地图做成加密文档。之后，双方通过手机短信约好时间，徐某把加密文档上传至网络硬盘，Miss Q则登录境外网站并下载加密文档。

一年后案发，徐某承认，做“调研员”不久，他就意识到Miss Q是搜集我国军事情报的境外间谍，但利诱当前，他没有拒绝对方。最终，徐某被国家安全机关依法调查并受到了相应的处罚。

（资料来源：宜宾新闻网，有改动）

## 一、国家安全的概念和内容

### （一）国家安全的概念

国家安全是指国家政权、主权、统一和领土完整、人民福祉、经济社会可持续发展和国家其他重大利益相对处于没有危险和不受内外威胁的状态，以及保障持续安全状态的能力。简而言之，国家安全既指国家处于安全状态，又指国家维持这种安全状态的能力。

国家安全关系着国家和民族的长远发展利益，维护国家安全是每个公民都应履行的责任和义务。大学生应充分认识国家安全的重要性，增强国家安全意识，自觉维护国家安全。

### （二）国家安全的内容

当代国家安全包括16个方面的内容：政治安全、国土安全、军事安全、经济安全、文化安全、社会安全、科技安全、网络安全、生态安全、资源安全、核安全、海外利益安全、生物安全、太空安全、极地安全、深海安全。下面就其中前5个方面的内容进行详细介绍。

### 1. 政治安全

政治安全是国家安全的根本，是指一个国家由政权、政治制度和意识形态等要素组成的政治体系，相对处于没有危险和不受威胁的状态，以及面对风险和挑战时能够及时有效防范、应对，从而确保国家政治秩序良好的能力。

国家坚持中国共产党的领导，维护中国特色社会主义制度，发展社会主义民主政治，健全社会主义法治，强化权力运行制约和监督机制，保障人民当家作主的各项权利。

国家防范、制止和依法惩治任何叛国、分裂国家、煽动叛乱、颠覆或者煽动颠覆人民民主专政政权的行为；防范、制止和依法惩治窃取、泄露国家秘密等危害国家安全的行为；防范、制止和依法惩治境外势力的渗透、破坏、颠覆、分裂活动。

### 2. 国土安全

国土安全是国家安全的核心，是指国家领土完整，国家统一，边疆边境、海洋权益等不受侵犯或免受威胁的状态，以及持续保持这种状态的能力。

国家加强边防、海防和空防建设，采取一切必要的防卫和管控措施，保卫领陆、内水、领海和领空安全，维护国家领土主权和海洋权益。

### 3. 军事安全

军事安全是指主权国家为了保卫国家主权和领土完整，有效遏制、抵御外来武装力量的侵略和颠覆所进行的必要的军事防御能力。

国家加强武装力量革命化、现代化、正规化建设，建设与保卫国家安全和发展利益需要相适应的武装力量；实施积极防御军事战略方针，防备和抵御侵略，制止武装颠覆和分裂；开展国际军事安全合作，实施联合国维和、国际救援、海上护航和维护国家海外利益的军事行动，维护国家主权、安全、领土完整、发展利益和世界和平。

### 案例3 抵制金钱诱惑，果断举报脱危局

某在校大学生小李喜爱上网聊天，尤其喜欢关注军事、政治话题。某日，有网友主动联系小李，自称是为了学术研究，向小李求教，小李就把自己了解到的有可能成为热点的话题进行了归纳分析并发给了对方。这名网友表现出极大的兴趣，并主动支付了150元报酬给小李。

不久，这名网友再次出现，索要所有关于军事基地方面的资料，相应报酬也大幅提高至1.5万元。对方常来询问事情进度，并用金钱加以诱惑，还以小李已提供的资料相威胁。小李意识到自己可能遇上了境外间谍。于是，小李果断地拨打了12339举报电话。由于小李向该网友提供的信息并没有涉及国家机密，因此其行为并未构成违法犯罪。

（资料来源：人民政协网，有改动）

### 4．经济安全

经济安全是国家安全的基础，是指一个国家能够在各种复杂的条件下有效地维护自身的经济稳定和发展，特别是在面对重大外部风险时能够很好地生存和发展的能力。

国家维护国家基本经济制度和社会主义市场经济秩序，健全预防和化解经济安全风险的制度机制，保障关系国民经济命脉的重要行业和关键领域、重点产业、重大基础设施和重大建设项目，以及其他重大经济利益安全。

### 5．文化安全

文化安全是国家安全的重要保障，是指一个国家的文化生存和发展不受威胁的状态，主要包括一个国家的文化主权不可侵犯，文化遗产和文化多样性得到保障，文化创新发展道路得到尊重等内容。

国家坚持社会主义先进文化前进方向，继承和弘扬中华民族优秀传统文化，培育和践行社会主义核心价值观，防范和抵制不良文化的影响，掌握意识形态领域主导权，增强文化整体实力和竞争力。

## 课后互动

“只要不发生战争或军事冲突，国家就是安全的。”你认为这句话是否正确？请说明你的理由。

**笔记**

## 二、危害国家安全的行为

危害国家安全的行为包括间谍行为和间谍行为以外的其他危害国家安全行为。

### （一）间谍行为

《中华人民共和国反间谍法》第四条规定，间谍行为是指下列行为。

（1）间谍组织及其代理人实施或者指使、资助他人实施，或者境内外机构、组织、个人与其相勾结实施的危害中华人民共和国国家安全的活动。

（2）参加间谍组织或者接受间谍组织及其代理人的任务，或者投靠间谍组织及其代理人。

**提示**

间谍组织代理人是指受间谍组织或者其成员的指使、委托、资助，进行或者授意、指使他人进行危害中华人民共和国国家安全活动的人。间谍组织和间谍组织代理人由国务院国家安全主管部门确认。

（3）间谍组织及其代理人以外的其他境外机构、组织、个人实施或者指使、资助他人实施，或者境内机构、组织、个人与其相勾结实施的窃取、刺探、收买、非法提供国家秘密、情报以及其他关系国家安全和利益的文件、数据、资料、物品，或者策动、引诱、胁迫、收买国家工作人员叛变的活动。

（4）间谍组织及其代理人实施或者指使、资助他人实施，或者境内外机构、组织、个人与其相勾结实施针对国家机关、涉密单位或者关键信息基础设施等的网络攻击、侵入、干扰、控制、破坏等活动。

（5）为敌人指示攻击目标。

（6）进行其他间谍活动。

间谍组织及其代理人在中华人民共和国领域内，或者利用中华人民共和国的公民、组织或者其他条件，从事针对第三国的间谍活动，危害中华人民共和国国家安全的，适用本法。

### （二）间谍行为以外的其他危害国家安全行为

《中华人民共和国反间谍法实施细则》第八条规定，下列行为属于“间谍行为以外的其他危害国家安全行为”。

（1）组织、策划、实施分裂国家、破坏国家统一，颠覆国家政权、推翻社会主义制度的。

（2）组织、策划、实施危害国家安全的恐怖活动的。

（3）捏造、歪曲事实，发表、散布危害国家安全的文字或者信息，或者制作、传播、出版危害国家安全的音像制品或者其他出版物的。

（4）利用设立社会团体或者企业事业组织，进行危害国家安全活动的。

（5）利用宗教进行危害国家安全活动的。

（6）组织、利用邪教进行危害国家安全活动的。

（7）制造民族纠纷，煽动民族分裂，危害国家安全的。

（8）境外个人违反有关规定，不听劝阻，擅自会见境内有危害国家安全行为或者有危害国家安全行为重大嫌疑的人员的。

## 三、大学生应如何维护国家安全

### （一）牢固树立国家安全高于一切的观念

国家安全涉及国家社会生活的方方面面，是国家生存与发展的首要保障。树立国家安全高于一切的观念，是维护国家利益的需要，也是保障个人安全的需要。

### （二）积极学习关于国家安全的法律法规

大学生应积极学习关于国家安全的法律法规，如《中华人民共和国国家安全法》《中华人民共和国保守国家秘密法》《科学技术保密规定》《中华人民共和国反间谍法》《中华人民共和国网络安全法》《中华人民共和国生物安全法》《中华人民共和国国家情报法》《中华人民共和国反恐怖主义法》等，了解其中的主要内容，知道什么可以做、什么不能做。

### （三）提高警惕，善于识别各种伪装

从理论上讲，有关国家安全的法律法规已经比较完善，大学生只要依法行事即可。但是实际情况要远比理论复杂得多。例如，有的间谍会采取五花八门的手段套取国家科技情报、政治情报等。大学生只有提高警惕，善于识别各种伪装，才能避免上当受骗甚至违法犯罪。

### （四）严禁与非法组织联系或参与其活动

非法组织是指未经法律法规的许可和一定程序的审批而擅自成立的组织。大学生不可以任何形式支持非法组织，或者与其保持“暧昧”关系，甚至直接参与其活动；禁止传阅、收藏各种非法刊物。违者将受到党纪处分、团纪处分或校纪处分，

情节严重者还会被追究刑事责任。

### （五）积极配合国家安全机关的工作

大学生若发现危害国家安全的行为，应及时向国家安全机关报告。当国家安全机关需要大学生配合工作时，大学生应积极配合国家安全机关的工作，如实提供有关危害国家安全的情报、证据或其他协助。

### 案例4 出国研讨被纠缠，及时举报获奖励

某高校博士李某，在境外参加学术会议期间，结识了一名自称是某国际研究机构研究员的男子皮特。经过长达一年的交往，皮特提出可以为李某办理“绿卡”，条件是李某要向其提供正在参与的涉密科研项目的情况。李某将此情况通过 12339 举报电话向国家安全机关进行了反映。经国家安全机关核查，发现皮特是境外间谍，于是及时指导李某摆脱其纠缠，有效避免了国家利益受损。由于举报及时，李某不但没有受到处罚，还受到了国家安全机关的奖励。

（资料来源：河南长安网，有改动）

### （六）保守国家秘密

国家秘密是关系国家安全和利益，依照法定程序确定，在一定时间内只限一定范围的人员知悉的事项。国家秘密受法律保护。一切国家机关、武装力量、政党、社会团体、企业事业单位和公民都有保守国家秘密的义务。任何危害国家秘密安全的行为，都必须受到法律追究。

大学生可从以下几个方面保守国家秘密。

（1）严格按照保密法律法规及规章制度的规定使用保密文件、资料。

（2）不向外人透露自己掌握的国家秘密，不擅自扩大国家秘密的知悉范围，不在公共场合谈论国家秘密，不在私人通信中涉及国家秘密。

### 案例5 泄露国家秘密，必将受到处罚

某市国家安全局因侦察工作需要，请该市一位工程师配合开展工作，并要求其严格保密。这位工程师表示愿意配合，但随后就将这件事泄露了出去。事后，该市国家安全局依法传唤了该工程师，并对他处以行政拘留 7 天的处罚。

（资料来源：闽南网，有改动）

（3）严格按照保密规定管理自己掌握、保管的秘密文件、资料和信息，自觉做到不携带保密文件、资料出入公共场所，不将其带回寝室或带回家。

（4）经常检查保密措施是否做到位，严防国家秘密被窃取。对于不该接触保密事项却对保密事项格外感兴趣的人，要提高警惕。

## 课后互动

以小组为单位，开展以下活动：各小组通过查阅资料、请教他人等方式，了解国家安全的相关知识；各小组以“我眼中的国家安全”为主题设计展板（格式不限）；各小组在全班同学面前展示成果，并由一名代表进行解说；老师对各小组的表现进行点评。

笔记

# 第二节　恐怖袭击

## 一、什么是恐怖活动

恐怖活动是指恐怖主义性质的下列行为。

（1）组织、策划、准备实施、实施造成或者意图造成人员伤亡、重大财产损失、公共设施损坏、社会秩序混乱等严重社会危害的活动的。

（2）宣扬恐怖主义，煽动实施恐怖活动，或者非法持有宣扬恐怖主义的物品，强制他人在公共场所穿戴宣扬恐怖主义的服饰、标志的。

（3）组织、领导、参加恐怖活动组织的。

（4）为恐怖活动组织、恐怖活动人员、实施恐怖活动或者恐怖活动培训提供信息、资金、物资、劳务、技术、场所等支持、协助、便利的。

（5）其他恐怖活动。

恐怖活动是全人类的公害，其暴力行为严重威胁人民的生命安全、生存发展、社会生产和生活秩序。

### 案例6　实施恐怖活动，终将害人害己

某日11时20分，20多岁的黄某为了实施爆炸活动、制造个人影响，先后在两家餐厅放置了定时爆炸装置。这两个定时爆炸装置分别于11时50分、13时20分爆炸，该爆炸造成了9人受伤，两家餐厅的部分建筑被炸毁，财产损失了22万余元。最终，黄某因犯爆炸罪，被判处无期徒刑。

（资料来源：安全管理网，有改动）

## 二、当前我国暴力恐怖活动的基本特点

（1）组织严密，行动周密。随着恐怖组织的泛滥和恐怖活动的频繁，我国境内的恐怖活动组织越来越严密，行动越来越周密。这具体表现为两个方面：一是有明确的政治目的和行动纲领，组织内部分工明确，既有领导层，又有外围组织；二是行动计划周密，恐怖组织在每次实施恐怖活动前，都要对袭击目标的地点、行动路

线、防范手段等进行周密侦察，在此基础之上制订出尽可能详尽的行动预案，最大限度地保证恐怖活动取得成功。

（2）作案方式复杂化、手段多样化、成员训练有素。当前我国恐怖势力的组织形态、实施方式、针对目标和对象，都充分体现出恐怖组织的作案方式复杂化、手段多样化、成员训练有素等特点。这具体表现为三个方面：一是恐怖组织的作案方式以团体作案为主，转变了以往“独狼式”的单独袭击方式，每次都组织一批人来实施恐怖袭击活动；二是作案手段多种多样，手法越来越野蛮、残暴，包括爆炸、暗杀、投毒、纵火、绑架、抢劫等；三是同境外恐怖组织合作，建立恐怖活动基地，积极发展后备力量，蛊惑青年参与其中，并有组织地训练和培训恐怖分子。

（3）秘密隐蔽、范围扩大。我国恐怖组织实施暴力活动越来越隐蔽，袭击范围也逐步扩大。这具体表现为两个方面：一是恐怖活动常常暗中进行、秘密筹划、游击灵活、爆发突然；二是活动范围扩大化，在袭击对象上恐怖主义已经从外交、军事、政府机构和人员扩展到企业、一般平民和公共设施。

## 三、常见的恐怖袭击方式

恐怖袭击的方式一般分为常规方式和非常规方式。

### （一）常规方式

常规的恐怖袭击方式包括砍杀恐怖袭击、冲撞碾压恐怖袭击、纵火恐怖袭击、爆炸恐怖袭击、枪击恐怖袭击、劫持、破坏等。

### （二）非常规方式

非常规的恐怖袭击方式包括以下几种。

（1）核与辐射恐怖袭击：通过核爆炸或散布放射性物质，造成环境污染或使人受到核辐射。

（2）生物恐怖袭击：利用有害生物或有害生物产品侵害人、农作物、家畜等。

（3）化学恐怖袭击：利用有毒、有害化学物质侵害人、城市重要基础设施、食品与饮用水等。

（4）网络恐怖袭击：利用网络散布恐怖信息、组织恐怖活动、攻击电脑程序和信息系统等。

## 四、应对常见恐怖袭击的方法

### （一）应对砍杀恐怖袭击的方法

（1）观察四周，确保安全后迅速拨打 110 报警电话。

（2）不要围观，迅速撤离。撤离时不要惊慌，以免踩踏造成次生伤害。

（3）无法撤离时，可在周围的墙壁、柱子、雕塑等掩体后躲避。

（4）听从现场安保人员指挥，有序疏散或有组织地进行自卫反击。

（5）不传谣、不信谣。

### （二）应对冲撞碾压恐怖袭击的方法

（1）识别可疑车辆，并迅速拨打 110 报警电话。可疑车辆一般具有以下特征：① 在人员密集场所加速行驶或行驶路线异常；② 违规停放在重要设施附近或人员密集场所。

（2）遇车辆冲撞碾压时，可选择在绿化带、台阶、树木或水泥桩等掩体后躲避，确保安全后，迅速拨打 110 报警电话。

### （三）应对纵火恐怖袭击的方法

（1）进入陌生场所时，应识记安全出口、逃生通道、消防器材等的位置。

（2）火情发生后，应沉着冷静，不盲目呼喊，不贪恋财物，迅速撤离并拨打 110 或 119 报警电话。

（3）在公共汽车、地铁列车、火车等交通工具上遇纵火恐怖袭击时，应迅速利用车载消防设备灭火，并视情况从车门或车窗有序逃离。

（4）在客船上遇纵火恐怖袭击时，应迅速向客船前部、尾部和顶部逃生，尽可能找到客船上的逃生绳、救生梯、救生衣等，向水中或者救援船上逃生。

（5）在室内遇纵火恐怖袭击时，应迅速找到安全出口，逃离现场。若出口被封，则应选择背火通风处或火势较小的区域躲避，等待救援。

（6）撤离时切忌乱跑、乘坐电梯、轻易跳楼，应尽可能用打湿的毛巾或衣物捂住口鼻，采用低姿行走或匍匐爬行的方式前进。若身上衣物着火，则应脱掉衣物，就地打滚或借用水、灭火器等进行灭火。

### （四）应对爆炸恐怖袭击的方法

#### 1. 学会识别可疑爆炸物

以下物品可被判定为可疑爆炸物。

（1）无人认领，来历不明，有异常声响、异常气味（如臭鸡蛋味、氨水味等）的物品。

（2）寄送地址不详、标有特殊图案、有裸露电线或怪味的可疑包裹。

（3）公安机关通报的其他物品。

#### 2．发现可疑爆炸物后的应对方法

（1）不要乱动，迅速拨打 110 报警电话，由警方专业人员处置。

（2）迅速有序撤离，不要拥挤，以免发生踩踏事故，造成人员伤亡。

（3）在确保安全的情况下，尽可能记录现场情况，以便为警方提供有价值的线索，协助警方调查。

#### 3．发生爆炸事故后的应对方法

（1）立即卧倒或护住身体重要部位，确认安全后，在有关人员的指引下，采用低姿行走的方式有序撤离。

（2）无法撤离时，为防止烟雾中毒和窒息，应尽可能利用衣物捂鼻。若身上衣物着火，可就地打滚或用厚重衣物压灭火苗，然后迅速拨打 119 报警电话，等待救援。

### （五）应对枪击恐怖袭击的方法

（1）护住身体重要部位，若在短时间内找不到合适掩体，则应就地趴下。

（2）在确保安全的情况下寻找机会，快速逃离。

（3）迅速拨打 110 报警电话。

（4）及时实施自救，或者帮助他人。

（5）事后积极向警方提供有关现场情况的信息。

#### 提示

一般而言，恐怖袭击嫌疑人大多具有以下特征。

（1）神情恐慌、言行异常。

（2）着装、携带的物品与其身份不符，或者与季节不协调。

（3）冒称熟人、假献殷勤。

（4）在检查过程中，催促检查或态度蛮横、不愿接受检查。

（5）频繁进出大型活动场所。

（6）在警戒区附近反复出现。

（7）疑似公安部门通报的恐怖袭击嫌疑人。

## 课后互动

以小组为单位，就以下问题进行交流、讨论：在日常生活中，应如何增强反恐意识？如何沉着应对恐怖袭击？

笔记

## 综合测试

### 一、填空题

（1）____________是指国家政权、主权、统一和领土完整、人民福祉、经济社会可持续发展和国家其他重大利益相对处于没有危险和不受内外威胁的状态，以及保障持续安全状态的能力。

（2）____________是国家安全的核心。

（3）危害国家安全的行为包括_________和___________________________。

（4）恐怖袭击的方式一般分为_________和____________。

### 二、单项选择题

（1）（　　）是国家安全的根本。

A．国土安全　　B．军事安全

C．政治安全　　D．经济安全

（2）大学生若发现危害国家安全的行为，下列做法中不正确的是（　　）。

A．及时向国家安全机关报告

B．积极配合国家安全机关的工作

C．以暴力、威胁等手段阻碍国家安全机关工作人员执行公务

D．如实提供有关危害国家安全的情报、证据或其他协助

（3）下列选项中，（　　）不属于恐怖活动。

A．组织、领导、参加恐怖活动组织的

B．强制他人在公共场所穿戴宣扬恐怖主义的服饰、标识的

C．在网上发表抨击恐怖组织的言论

D．为恐怖活动组织提供信息、资金、物资等支持、协助、便利的

### 三、简答题

（1）大学生应如何保守国家秘密？

（2）简述应对砍杀恐怖袭击的方法。

## 学习成果评价

指导老师根据学生的实际学习成果对学生进行评价，学生配合指导老师共同完成表 2-1 所示的学习成果评价表。

表 2-1　学习成果评价表

<table>
<tr><td>班级</td><td></td><td>组号</td><td></td><td>日期</td><td></td></tr>
<tr><td>姓名</td><td></td><td>学号</td><td></td><td>指导老师</td><td></td></tr>
<tr><td>学习成果/模块名称</td><td colspan="5">国家安全</td></tr>
<tr><td>评价项目</td><td>评价内容</td><td>评价方式</td><td>满分/分</td><td colspan="2">评分/分</td></tr>
<tr><td rowspan="6">知识<br>40%</td><td>国家安全的概念和内容</td><td rowspan="6">理论测试</td><td>4</td><td colspan="2"></td></tr>
<tr><td>危害国家安全的行为</td><td>8</td><td colspan="2"></td></tr>
<tr><td>大学生应如何维护国家安全</td><td>8</td><td colspan="2"></td></tr>
<tr><td>什么是恐怖活动和当前我国暴力恐怖活动的基本特点</td><td>4</td><td colspan="2"></td></tr>
<tr><td>常见的恐怖袭击方式</td><td>8</td><td colspan="2"></td></tr>
<tr><td>应对常见恐怖袭击的方法</td><td>8</td><td colspan="2"></td></tr>
<tr><td rowspan="3">技能<br>40%</td><td>识别危害国家安全的行为</td><td rowspan="3">实践操作</td><td>15</td><td colspan="2"></td></tr>
<tr><td>用正确的方法维护国家安全</td><td>10</td><td colspan="2"></td></tr>
<tr><td>用正确的方法应对恐怖袭击</td><td>15</td><td colspan="2"></td></tr>
<tr><td rowspan="5">素养<br>20%</td><td>积极参加教学活动，主动学习、思考、讨论</td><td rowspan="5">综合评判</td><td>6</td><td colspan="2"></td></tr>
<tr><td>认真负责，按时完成学习任务</td><td>4</td><td colspan="2"></td></tr>
<tr><td>谦虚勤勉，能够认识到自己的不足</td><td>4</td><td colspan="2"></td></tr>
<tr><td>团结同学，热情友善</td><td>4</td><td colspan="2"></td></tr>
<tr><td>守正创新，自信自强</td><td>2</td><td colspan="2"></td></tr>
<tr><td colspan="3">合计</td><td>100</td><td colspan="2"></td></tr>
<tr><td>自我评价</td><td colspan="5"></td></tr>
<tr><td>指导老师评价</td><td colspan="5"></td></tr>
</table>

## 安全小讲堂

# 第三章

# 消防安全

# 第一节 火灾的成因与预防

火是人类赖以生存和发展的物质条件，它给人类带来光明、温暖和健康，促进人类社会不断进步和发展。同时，火也给人类带来灾难和不幸。火一旦失去控制，发生火灾，就会毁掉人类通过辛苦劳动创造的物质财富，甚至夺去人的生命和健康，造成难以挽回和弥补的损失。

## 一、校园火灾的成因

大学校园是师生聚集较多的场所，纵观近年来在校园内发生的火灾事故，很多都是人为因素造成的，主要表现在以下几个方面。

### （一）明火引燃

#### 1. 随意丢弃烟头

烟头表面温度为200～300℃，中心温度为700～800℃，仅表面温度就达到了棉、麻、毛织物、纸张、家具等可燃物的燃点。一些学生乱扔烟头，一旦燃烧着的烟头与可燃物接触就容易引燃可燃物，甚至酿成火灾。

**案例1 乱扔烟头险酿火灾**

某日下午，某职业学院南校区 5 号学生寝室楼的寝室管理员突然闻到阵阵异味。这时，一名学生匆匆跑来告知他5216 寝室着火了，但打不开门。寝室管理员立即带着钥匙上楼查看。打开寝室门后，寝室内烟雾缭绕，空无一人。经检查，发现是晒在阳台栏杆上的棉被着火了，寝室管理员立即打电话给保卫处、后勤处和值班楼长，并火速进行了扑救。

经了解，起火原因是5616 寝室的陆某将未完全熄灭的烟头从阳台处丢下，刚好落在了5216 寝室学生晒的棉被上，导致棉被着火。所幸发现及时且采取了有效措施，才没酿成火灾。事后，陆某主动检讨了自己的错误，对自己的行为感到后悔，并主动赔偿了损失。

（资料来源：城市科技网，有改动）

### 2．擅自使用炉具

大学寝室是大学生休息的地方，但有些大学生为图方便，在寝室内使用酒精炉具做饭，这给大学校园安全带来了隐患。

### 3．随意点燃蚊香

夏季蚊虫较多，许多大学生会在寝室内点蚊香以消灭蚊虫。蚊香具有很强的阴燃能力，点燃后没有火焰，但能长时间持续燃烧，中心温度可高达 700℃，超过了多数可燃物的燃点，一旦接触到可燃物就会引起燃烧，甚至扩大成火灾。

### 4．违规使用蜡烛

蜡烛作为一种可以移动的火源，稍不小心就可能烧熔或倒下，遇可燃物容易引起火灾，因此很多高校禁止大学生在寝室内使用蜡烛。但是，少数大学生为了照明或烘托游戏气氛，仍会在寝室内违规使用蜡烛（见图 3-1），从而形成较大的火灾安全隐患。

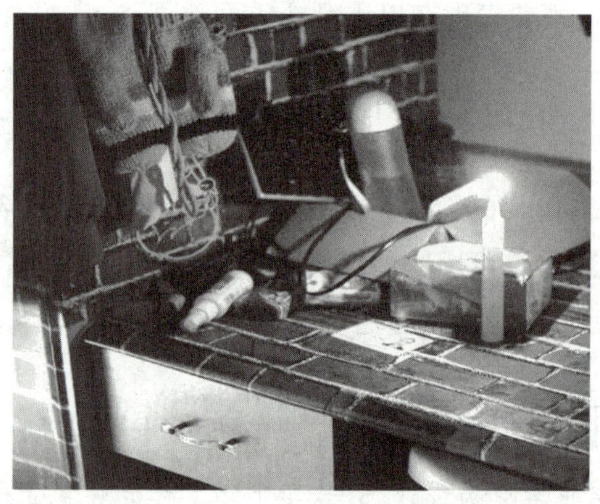

图 3-1　违规使用蜡烛

### 5．树林、草坪违章用火

在树林中和草坪上吸烟、玩火、野炊、烧荒，都有可能引发火灾。树林中、草坪上有较多落叶和枯草，天气干燥时遇到火种，极易引发火灾。

## （二）电气火灾

在大学校园中，引起电气火灾的主要原因如下。

### 1．使用违规电器

高校建筑物的供电线路和供电设备都是按照实际使用情况设计的，在寝室内使用各种违规电器（见图 3-2），如“热得快”、电饭锅、电炉、电热水瓶等，易使供电线路过载发热，加速供电线路老化而起火。

图 3-2 各种违规电器

### 案例 2 使用违规电器引发火灾

某高校寝室楼发生火灾，火势迅速蔓延，其中 4 名学生在消防人员赶到之前，从 6 楼寝室阳台跳楼逃生，不幸全部坠亡。火灾事故原因初步判断是学生前一天晚上在寝室内使用“热得快”，停电后没有及时拔下插头。第二天早上寝室来电后，“热得快”干烧致短路，电火花将周围可燃物引燃所致。

（资料来源：网易网，有改动）

#### 2．私自乱接电源

随着大学生寝室电脑、电视机、空调等用电器具的逐步普及，有的学生私拉乱接电线（见图 3-3），增加了供电线路负荷。加上使用的大多是低负荷的电线，这些电线长期超负荷运行后易发热，绝缘层自燃导致短路，继而引发火灾。

图 3-3 私拉乱接电线

## 二、火灾的预防

火灾对人身安全造成的危害，主要有烟雾中毒、窒息、高温灼伤等。在发生火灾的同时，还可能伴随着爆炸、建筑物坍塌等恶性事故，其危害更为复杂和严重。据统计，火场人员吸入有毒有害烟气死亡是造成火灾死亡事故的主要原因。大学生必须从自我做起，从身边的小事做起，重视并做好火灾的预防工作。

### （一）校园防火

（1）在教室、实验室学习和实验时，要严格遵守各项安全管理规定、操作规程和有关制度。例如，使用实验仪器前，应掌握操作方法并认真检查电源、电线、辅助仪器等的情况，做好准备工作后再进行操作；使用完实验仪器后，应关闭电源、火源、气源、水源等，还应清除杂物和垃圾。

（2）在寝室，应自觉遵守寝室安全管理规定，不乱拉乱接电线，不使用“热得快”、电饭锅、电炉等电器，不使用明火；不将易燃易爆物品带进寝室，不在寝室内焚烧物品等。此外，发现安全隐患，应及时向管理人员或有关部门报告；爱护消防设施和灭火器材，不随意移动或挪作他用；寝室无人时，应关掉电器和电源开关。

（3）在树林中或草坪上游玩时，严禁使用明火，在秋冬季节及干旱天气时，应尤其注意防火，一旦发生险情，应及时报警。

### 案例3 不规范充电引发火灾

某高校寝室楼发生火灾，着火后楼内到处弥漫着浓烟。着火的寝室楼可容纳学生3 000余人。发生火灾时大部分学生都在楼内，所幸消防人员及时赶到并将学生紧急疏散，才没有造成人员伤亡。寝室最初起火的地方是在书桌上的接线板处，当时该接线板上插有两台可充电台灯和另一个多孔接线板。该接线板连接不规范，且长时间充电，最终导致电线发生短路，电火花引燃接线板附近的窗帘、床单、被子等可燃物，从而造成火灾。

（资料来源：文书帮网，有改动）

### （二）家庭防火

家庭生活离不开火，如用火不慎就会酿成火灾。因此，在家庭生活中要时刻注意用火安全，防止发生火灾。

#### 1. 安全使用燃气

家用燃气是生活中最常接触的易燃易爆物。用燃气做饭时，要注意通风，尽量不要离开厨房，以防汤水溢出浇灭火焰，造成燃气泄漏。用完燃气后，要关好阀门、开关。

一旦发现燃气泄漏，要立即打开窗户，并迅速关闭阀门，切忌打开灯、排风扇、抽油烟机等电器，也不要打电话，以防泄漏的燃气遇电火花燃烧。若闻到非常浓的气体异味，则应立即迅速大声呼喊，用最快的方式通知周围的邻居熄灭明火，勿开电器，随后立即查找漏气部位并及时进行处理。自行处理不了的，要迅速离开泄漏区，在户外拨打 119 报警电话。

### 2. 安全用电

在日常生活中，要注意安全用电。不要将接线板放在容易被水浸入或细小杂物容易掉入的地方，且接线板上不能接过多插头（见图 3-4）。

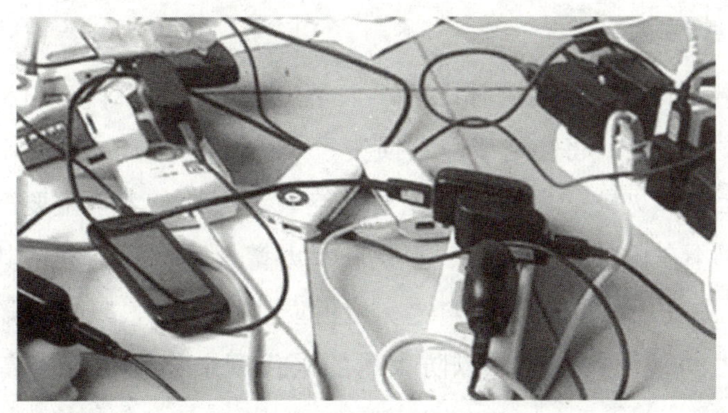

图 3-4 错误使用接线板

要经常检查电气线路，发现导线绝缘层有破损或老化，要及时更换。在需要安装保险丝的用电线路中，要安装合适的保险丝，千万不能用大号保险丝或金属丝代替，以防导线漏电、短路。另外，使用家用电器时间不宜过长，使用完毕后要及时散热并切断电源。

### 3. 安全使用炉火

不要在炉火旁放柴草、废纸等易燃物品。生火时，不要使用汽油、煤油等助燃物，以防其猛烈燃烧引起火灾。烘烤衣服、被褥等易燃物品时，不能离炉火太近，而且要留心看管，防止其因烘烤时间过长而被引燃。最后，要在确定炉渣完全熄灭后，再将其倒在安全的地方。

### 4. 正确处理烟头和燃放烟花爆竹

将未完全熄灭的烟头随意乱扔，一旦烟头接触可燃物，就很容易将其引燃，甚至酿成火灾。因此，应将烟头扔进烟灰缸或其他安全的地方，并保证其已完全熄灭。

腾空而起的烟花爆竹，其火星落在严禁烟火的地方或可燃物上即可引发火灾。因此，燃放烟花爆竹时，要选择安全的场地，一般应远离公共场所、仓库和放有易燃易爆物品的地方。

### （三）公共场所防火

商场、影剧院、图书馆、饭店等公共场所人员密集，为了防止发生火灾，进入这些场所时，不应携带油漆、酒精、烟花爆竹等易燃易爆物品。进入公共场所后，要观察安全逃生标志和逃生路线，找到安全出口和逃生通道，一旦遇到火灾，要尽快安全、有序地撤离。

网吧是大学生经常光顾的公共场所。大学生去网吧时，要仔细观察网吧是否存在火灾隐患，对出口少、通道窄、电线乱的网吧，要提高警惕，不能去无证经营的网吧。

### （四）山林防火

许多位置偏远的学校地处山林之间，大学生较常出入山林。山林作为国家的宝贵财富，一旦发生火灾，将会造成巨大损失。

为有效防止山林火灾的发生，首先要杜绝人为火种，大学生要严格遵守山林管理的规章制度，不在山林地区吸烟、野炊和举办篝火晚会等活动。其次，要采取一定的防护措施，如在山林周围设置一定宽度的防火隔离带，隔离可燃物。此外，应及时清理山林内的采伐剩余物，以防大量的采伐剩余物堆积产生高温引起自燃，进而引发火灾。

**华彩流光**

#### 我国古代防火措施

我国古代防火措施可追溯到《周易》中：“水在火上，既济；君子以思患而预防之。”此后，东汉史学家荀悦在《申鉴·杂言》中又将这一言论进一步升华并概括为“防为上，救次之，戒为下”。火灾“防患于未然”的理论思想由此奠定。

我国历代君主都将防范和治理火灾列为国家管理的重要内容之一，并为此建立了相应的管理体制。例如，为及时救灾抢险，西汉时期，长安城内每街设一亭，共设十六个街亭；唐朝时期，长安城内虽未设街亭，但建有武侯铺，武侯铺内配备了各种灭火工具，如水袋、溅筒灭火器等。

宋朝时期，开封府城内筑有许多四十八尺（约十六米）高的望火楼，士兵站在楼上，一旦发现城中起火，就会马上发出警报，随后消防人员即会根据收到的警报组织灭火。

（资料来源：中国新闻网，有改动）

## 课后互动

以小组为单位，说一说大学校园中发生火灾的主要原因有哪些。

笔记

# 第二节　火灾自救与逃生

火灾初发时，人们往往因惊慌失措或手忙脚乱而错失灭火良机，使小火变成大火，最终导致失去生命。遇到火灾时，为保护自身安全，大学生应掌握一定的应急措施，学会自救与逃生。

消防安全在我心

## 一、发生火灾时的应急措施

### （一）报警

一旦发生火灾，应立即报警。报警越早，火灾损失越小。《中华人民共和国消防法》第四十四条第一款规定：“任何人发现火灾都应当立即报警。任何单位、个人都应当无偿为报警提供便利，不得阻拦报警。严禁谎报火警。”

发生火灾时，大学生应当第一时间按下火灾报警装置的按钮（见图 3-5）或拨打 119 报警电话。

图 3-5　火灾报警装置的按钮

拨打 119 报警电话时，一定要沉着、冷静。电话接通后，要迅速说明报警原因，并准确地报出发生火灾的地址（包括街名、门牌号等）、火势大小、火灾范围、有无人员被困、是否发生爆炸或有无毒气泄漏等。若不清楚具体地址，则要说出大致方位、周围的标志性建筑等。同时，要告诉对方自己的姓名和电话号码，以便后续联

系。打电话过程中，注意听清对方提出的问题，并正确回答。

挂断电话后，应立即亲自或让人到十字路口等候消防车，以引导消防车迅速赶到火灾现场。

### （二）扑救

（1）在火灾初起时，应及时灭火，不要贸然开门窗，以免空气对流，加速火势蔓延。

（2）若发生电气火灾，则应迅速切断电源，再用干粉灭火器或二氧化碳灭火器灭火；若燃气泄漏发生火灾，可将湿毛巾盖在着火的地方，同时迅速关闭燃气阀门。若油锅起火，则千万不要用水扑灭，更不要直接用手去端锅，应立即拿起锅盖盖上在油锅上或将切好的菜放入油锅中。

（3）若存放易燃易爆危险品的场所发生火灾，则必须尽快采取防爆措施，如关停受火灾威胁的设备，对压力容器进行泄压处理等。

（4）若发现有人被大火围困，要在确保自身安全的前提下采取各种措施，救出被困人员。

（5）在消防人员到达后，应及时向其介绍已查明的火情，如火场内有无人员被困、是否存在危险物品等。

（6）扑灭初起火灾后，应协助消防人员保护好火灾现场，以便消防部门调查火灾原因与损失情况。

## 二、火灾逃生的要诀

火场自救与灭火技术

### （一）事前预演，临危不乱

对学校各建筑物的结构及逃生路线要了然于胸。必要时，可集中组织师生进行应急逃生预演，使师生熟悉建筑物内的消防设施并自救逃生的方法。这样，发生火灾时，就不会惊慌失措了。

### （二）熟悉环境，记住出口

当身处陌生的环境（如酒店、商场等）时，为了自身安全，务必留心逃生通道、安全出口及楼梯方位等，以便发生火灾时能尽快逃离火场。

### （三）扑灭小火，惠及他人

在火灾初起阶段，若发现火势并不大，且对人身安全威胁不大，则应迅速使用周围的消防器材（如灭火器、消火栓等）或其他合适的工具（如沙土、湿拖把等），将火扑灭。切不可因惊慌失措而使小火发展成为大火。

### （四）辨明方向，迅速撤离

遇到火灾时，应首先保持冷静，然后迅速找准逃生通道、安全出口和避险点的方向，并判断自己所处位置与这些地方的距离，选择最合适的逃生路线，尽快撤离险地。不能盲目跟从人流奔跑或独自乱跑。

### （五）不入险地，不贪财物

在火场中，人的生命是最重要的。身处险境，应尽快撤离，不要因害羞或顾及贵重物品，而把宝贵的逃生时间浪费在穿衣或寻找、搬离贵重物品上。已经逃离险境的人员，切莫重返险地。

### （六）简易防护，蒙鼻匍匐

火势较大时，逃生路线上的一些区域可能会充满烟雾，因此防止烟雾中毒和窒息至关重要。一般来说，烟雾较空气轻，多飘往空间上部，因此贴近地面、匍匐而行（见图 3-6）是避免烟雾遮挡视线和减少吸入烟雾的有效方法。

图 3-6　贴近地面、匍匐而行

匍匐前进时，还可通过佩戴防毒面具、穿阻燃隔热服等来保护自身安全；若没有专门的消防工具，则可用湿毛巾、口罩蒙住口鼻，以减少有毒烟雾吸入。此外，用湿毛巾、湿棉被、湿毯子等将头部、身体裹好，也是避免自身受到伤害的有效逃生方法。

### （七）善用通道，莫入电梯

一般来说，各建筑物内都会设置两个或两个以上逃生通道或安全出口。发生火

灾时，大学生要根据实际情况从相对安全的通道或出口撤离火场。此外，还可沿着屋顶的落水管、避雷线等滑下楼。当高层建筑发生火灾时，电梯的供电系统随时都有可能会断电，使人员困在电梯内。同时，由于电梯井犹如贯通的烟囱般直通各楼层，有毒的烟雾会直接威胁被困人员的生命，因此发生火灾时千万不要乘电梯逃生。

### （八）缓降逃生，滑绳自救

高层、多层公共建筑物内一般都设有高空缓降器或救生绳，大学生可通过这些救助设施安全地离开危险的楼层。在楼层不高、逃生通道被堵、救援人员未到的情况下，大学生也可利用身边的绳子、床单、窗帘、衣服等自制简易救生绳，并将其用水打湿，拴在窗框、床架或其他牢固物体上，然后从窗台或阳台沿绳缓滑到下面楼层或地面，安全逃生。

### （九）避难场所，固守待援

若房门已经烫手，则说明火势很大，已蔓延至房门外，此时一旦打开房门，烟火势必扑面而来。若已证实各种逃生通道均被切断且短时间内无人救援，可采取创造避难场所、固守待援的办法。具体做法：关紧迎火的门窗，打开背火的门窗；用湿毛巾、湿布塞堵门缝（见图 3-7），或者用水浸湿棉被蒙上门窗；固守在避难场所，不断往房门上和自己身上浇水，并耐心地等待救援人员到达。

图 3-7 用湿毛巾、湿布塞堵门缝

### （十）缓晃轻抛，寻求援助

被烟火围困暂时无法逃离时，应尽量待在阳台、窗口等易被人发现或能避免烟火近身的地方，如图 3-8 所示。在白天，可以向窗外晃动鲜艳的衣物或反光的镜子，也可外抛轻物；在晚上，可用手电筒向外探照或用力敲击东西，及时发出有效的求救信号，引起救援人员的注意。

图 3-8　被烟火围困暂时无法逃离时待在阳台

另外，由于消防人员进入室内都是沿墙壁摸索行进的，因此在失去自救能力前，应努力爬到墙边或房门边，这样便于消防人员寻找、营救。同时，爬到墙边也可避免房屋结构塌落时砸伤自己。

### （十一）火已及身，切勿惊跑

若身上沾染火苗，则千万不可惊跑或用手拍打。因为人在奔跑或用手拍打时，会加速周围空气的流动，进而助长周围的火势。正确的做法是立即脱掉衣服或就地打滚，压灭火苗。若条件允许，则应及时跳进水中或往自己身上浇水。

### （十二）跳楼有术，慎之又慎

身处火灾中的人，精神上往往会处于极端恐惧和接近崩溃的状态，这种状态极易使人产生一种不顾一切地伤害性行为，如跳楼逃生。需要注意的是，只有当消防人员准备好救生气垫并指挥跳楼时，或者在楼层不高（一般 4 层以下），不跳楼即烧死的情况下，才可选择跳楼的方法。在楼层较高的情况下，切忌跳楼逃生，而应当在相对安全的地方避险，等待救援人员到来。

不得不跳楼时，应尽量往救生气垫中央跳，或者选择有水池、软雨篷、草地等的方向跳；若有可能，则应尽量抱着棉被、沙发垫等松软物品或打开雨伞跳下，以减缓冲击力。若徒手跳楼，则一定要扒窗台或阳台使身体自然下垂跳下，落地前要双手抱紧头部，身体弯曲卷成一团，以减少伤害。跳楼虽可求生，但会对身体造成一定的伤害，因此要慎之又慎。

**创新强国**

### 全球首创新型救援装备助力火灾救援

某年 10 月，某公司推出了两款全球首创新型救援装备——多功能制氮灭火消防车和大吨位无人驾驶消防车。这两款新型救援装备的面市，展现出我国在应急装备领域的领先技术和创新实力。

多功能制氮灭火消防车集氮气制取（该消防车配备每小时 900 立方米氮气制取系统，可就地取材，从空气中分离出氮气）、气体灭火、粉剂喷射灭火、三相射流（一种可以将不同介质的灭火剂按比例组合使用的功能）等功能为一体，具有极强的综合救援和灭火性能，可适用于带电设备起火和可燃气体燃烧等火情，也适用于图书馆、酒窖等密闭空间无损灭火。

大吨位无人驾驶消防车是该公司科研人员结合灭火救援的实战特点，针对危化品爆炸、石油化工园区火灾等复杂火灾场景开发的产品。该消防车具备遥控驾驶、主动避障、遥控灭火等功能，可最大限度地降低救援人员的伤亡风险，为灾害救援提供安全保障。

（资料来源：第一工程机械网，有改动）

## 三、火灾逃生的心理误区

在火灾逃生过程中，人们往往会有一些心理误区，如惊慌心理、盲从心理、习惯心理、趋光心理及外散心理等，这对安全逃生非常不利。

### （一）惊慌心理

惊慌心理是人在火灾状态下所形成的一种心理状态。在逃生时，惊慌心理可导致一些非理性行为，进而造成不幸的结果。例如，有的人面对浓烟不知所措，贸然从高楼跳下而丧生；有的人见了大火，只顾往相反方向奔逃而不管是否有安全出口，最终把自己牢牢困于火场之中；有的人因过度害怕而藏在柜子内，最终窒息死亡。

此外，惊慌心理还具有极强的感染性。在被困人员较多的火灾中，惊慌心理会导致众人行为慌乱，进而引发重大伤亡。

### （二）盲从心理

盲从心理是惊慌心理的延续，其表现是在火灾中失去判断能力，没有主见，随大流、不顾后果。例如，盲目地跟着人群乱跑，对于跑向什么地方，能不能逃出去，根本不知道；见有人从楼上往下跳，便跟着一起往下跳，不考虑跳下去的后果。准确地说，盲从心理导致的行为已经不是一种正常的逃生行为了。许多火灾中的群死群伤现象，都与这种盲从心理有关。

### （三）习惯心理

习惯心理常表现为人们只会朝着经常使用的出入口疏散，即使那里已被堵塞，人们还是争相夺路，不肯离去。一方面，是因为灾祸降临，人们聚集在一起能够消除心理上的孤独感和恐惧感；另一方面，可能是因为人们对所处的环境不够了解，不知道安全出口有哪些。例如，在宾馆或影剧院发生火灾时，人们一般都习惯从原入口逃生，很少有人主动去寻找其他逃生出入口。

出于习惯心理，有的人即使是在自己居住的场所，也是首选最常使用的出入口，只有当原出入口被烟火阻塞无路可走时，才会去寻找其他逃生出入口，但常常为时已晚。

### （四）趋光心理

趋光心理有时是有益的，但如果身处陌生的火灾环境中，盲目地朝有光亮的方向逃生，就很容易误入危险境地。例如，建筑物里的“袋形”走廊（它只有一个安全出口，类似于一个“布袋”，走廊尽头没有安全出口，想出去就必须原路返回）就十分危险。

要想避免误入危险逃生路线，就必须熟悉自己所处的环境。只有做到心中有数，才能在发生火灾时及时逃生。

### （五）外散心理

起火时，人的求生本能促使人总想往室外跑。这对低层的、结构简单的建筑物来说是可以实现的，但对高层的、结构较复杂的建筑物来说是不太容易实现的。由于身处较高楼层或结构较复杂的环境中，人们跑到室外需要较长时间，反而会贻误逃生时机。因此，在火灾中一心只想外散逃出去有时并非上策，在无路可逃时，可选择在相对安全的地方避险，等待救援人员到来。

综合以上对几种逃生心理的分析不难看出，在火灾逃生中，心理上一旦走入误区，就相当于人在火场中闯入误区一样危险。因此，要想在火灾中安全逃生，除了要具备一定的消防知识、掌握一定的自防自救技能外，还要培养良好的逃生心理素质，在关键时刻帮助自己走出危险境地。

## 课后互动

以小组为单位，就以下问题进行交流、讨论。

★ 发生火灾时，被困人员应如何自救逃生？

★ 面对初起火灾，如何报警施救？

笔记

# 第三节　灭火技术

发生火灾后，如何有效地进行扑救，关键在于正确地选择灭火方法与使用灭火器。无论遇到哪类火灾，只要扑救及时、方法正确，就能迅速地将火扑灭，有效地减少损失。

## 一、常用的灭火方法

灭火的基本方法有冷却灭火法、隔离灭火法、窒息灭火法和抑制灭火法4种。

### （一）冷却灭火法

冷却灭火法是指一种将灭火剂直接喷射到燃烧物上，使燃烧物的温度降到燃点以下，进而使燃烧物停止燃烧的灭火方法。在火灾范围较大时，还可以将灭火剂喷射在火源附近的物体上，使这些物体不因热辐射作用而燃烧。

### （二）隔离灭火法

隔离灭火法是指一种将燃烧物与周围未燃烧的可燃物隔离，使火因缺少可燃物而熄灭的灭火方法。具体方法包括以下几种。

（1）将燃烧物附近的可燃物、易燃物、易爆物和助燃物移走。

（2）关闭输送可燃气体或可燃液体的管道的阀门，以阻止可燃物质进入燃烧区。

（3）设法阻拦流散的可燃、易燃液体。

（4）拆除与火源相连的易燃物，形成防止火势蔓延的真空地带。

### （三）窒息灭火法

窒息灭火法是指一种使火失去氧气而熄灭的灭火方法。具体方法包括以下几种。

（1）用沙土、水泥、湿麻袋、湿棉被等不可燃或难燃物覆盖燃烧物。

（2）用灭火器喷射干粉、泡沫等灭火剂覆盖燃烧物，如图3-9所示。

（3）将不可燃气体（如二氧化碳、氮气、四氯化碳等）灌注到发生火灾的空间，或将液化的不可燃气体喷洒到燃烧物上。

（4）将起火建筑或设备密封起来。

图 3-9 用灭火器灭火

### （四）抑制灭火法

抑制灭火法是指一种将化学灭火剂（如卤代烷灭火剂、干粉灭火剂等）喷射到燃烧物上，抑制燃烧反应从而使燃烧终止的灭火方法。

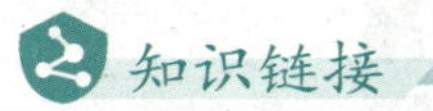
知识链接

**日常灭火好帮手——食盐**

食盐是在紧急情况下可以选择的一种有效的灭火剂。食盐的主要成分是氯化钠，在高温条件下，可迅速分解为氢氧化钠，并通过化学作用，吸收燃烧区中的游离基，抑制燃烧的进行。当灭火用的食盐数量足够时，所消耗的游离基会多于燃烧分解出来的游离基，从而导致燃烧反应中断。其中，颗粒盐是更为有效的灭火剂，因为其颗粒大、含水量较多，在高温下吸热膨胀快，能破坏火苗的形态，同时发生吸热反应，稀释燃烧区的氧气浓度，使火很快熄灭。

## 二、灭火器的使用

灭火器是最常见、最简单、最方便的灭火工具，是保卫人民生命财产安全的重要武器。一旦发生火灾，它能发挥重要作用。灭火器的使用方法：一是从灭火箱里提起灭火器；二是奔向火区的同时拔掉保险销；三是在距火源 2～4 米处用力压下压把，将喷嘴对准火焰根部喷射，直至火焰熄灭。

灭火器的正确使用

灭火器种类繁多，只有正确选择灭火器，才能有效地扑救不同种类的火灾，从而达到预期效果。灭火器按充装的灭火剂划分，可分为干粉灭火器、泡沫灭火器、二氧化碳灭火器、卤代烷灭火器、清水灭火器等。

### （一）干粉灭火器

干粉灭火器（见图 3-10）是指内部充装干粉灭火剂（主要是磷酸铵盐、氯化钠、氯化钾等干燥、易于流动的微细固体粉末）的灭火器。它主要用于扑救石油、有机溶剂等易燃液体，以及可燃气体和电气设备的初起火灾。由于扑救后会留下粉末，因此不适用于精密仪器火灾。干粉灭火器使用方便、有效期长，一般家庭使用的灭火器都是这一类型。

干粉灭火器最常用的开启方法为压把法：先将干粉灭火器提到距火源适当距离后，再将干粉灭火器瓶体颠倒几次（见图 3-11），使瓶内干粉松动，然后拔掉保险销，压下压把，将喷嘴对准火焰根部喷射。使用时，要注意保持干粉灭火器一直处于正立状态。在室外使用时，应注意站在上风方向进行喷射，以提高灭火效率。

图 3-10　干粉灭火器

图 3-11　将干粉灭火器瓶体颠倒几次

### （二）泡沫灭火器

泡沫灭火器（见图 3-12）是指能喷射出大量二氧化碳和泡沫，使可燃物与空气隔绝，进而达到灭火目的的灭火器。它主要用于扑救可燃液体和一般固体火灾，尤其对油类（如汽油、煤油、柴油等）初起火灾的扑救效果较佳，但不能扑救水溶性可燃、易燃液体（如醇、酯、醚、酮等）的火灾；也不能扑救带电设备、气体火灾和金属火灾。泡沫灭火器有手提式和推车式两种类型。在使用手提式泡沫灭火器时，应注意在未到达火灾现场时不能将手提式泡沫灭火器过分倾倒，以免两种药剂（碳酸氢钠和硫酸铝）混合提前喷出。

图 3-12 泡沫灭火器

使用泡沫灭火器时，应先在距火源约 10 米处将泡沫灭火器倒置，然后一手端住瓶底，一手提着压把，对准火焰根部喷射。需要注意的是，泡沫灭火器在喷射过程中应始终保持倒立状态，不允许横置或直立使用。

### （三）二氧化碳灭火器

二氧化碳灭火器（见图 3-13）是指内部充装液态二氧化碳的灭火器。它适用于扑救易燃液体及气体的初起火灾，也可扑救带电设备的火灾。它灭火性能高、毒性低、腐蚀性小、灭火后不留痕迹，使用比较方便，常配备于实验室、计算机房、变配电所等对设备维护条件要求较高的场所。需要注意的是，二氧化碳灭火器扑救带电设备火灾时，如果电压超过 600 V，则应先断电后灭火。

图 3-13 二氧化碳灭火器

使用二氧化碳灭火器时，应先拔掉保险销，然后压下压把（或旋动阀门），将喷嘴对准火焰根部喷射。需要注意的是，二氧化碳由液态变为气态时，大量吸热，温度极低，使用时最好戴上手套，以免皮肤被冻伤。

### （四）卤代烷灭火器

卤代烷灭火器是指内部充装卤代烷的灭火器。它适用于扑救纸张、木材、织物等的初起火灾，也可扑救甲烷、天然气等的可燃气体火灾。卤代烷灭火器应用范围广，具有灭火速度快、用量省、空间淹没性好、洁净、不导电等优点，是一种优良的灭火器。

使用时，应先拔掉保险销，然后在距火源适当距离处用力压下压把，将喷嘴对准火焰根部喷射。需要注意的是，卤代烷灭火器在喷射过程中应始终保持直立状态，不允许水平或颠倒使用。在室外使用时，应注意站在上风方向进行喷射。由于卤代烷有一定的毒性，因此在狭小的室内灭火后应迅速撤离，同时要注意防止复燃。

### （五）清水灭火器

清水灭火器是指内部充装清水的灭火器。它适用于扑救棉花、木材等固体火灾，而不适用于扑救液体、气体和带电设备的火灾。使用时，水在压力的作用下会从喷嘴喷出，从而达到灭火的目的。需要注意的是，清水灭火器在使用过程中应始终与地面保持大致垂直状态，不允许颠倒或横卧使用。

**课后互动**

以小组为单位，就以下问题进行交流、讨论。

★ 面对不同的火灾，应采取哪些灭火方法？

★ 不同的灭火器，分别扑救哪类火灾？它们的使用方法分别是什么？

**笔记**

# 综合测试

## 一、填空题

（1）烟头表面温度为＿＿＿＿＿＿，中心温度为＿＿＿＿＿＿，仅表面温度就达到了棉、麻、毛织物、纸张、家具等可燃物的燃点。

（2）发生火灾时，大学生应当第一时间按下火灾报警装置的按钮或拨打＿＿＿报警电话。

（3）火灾逃生的心理误区包括＿＿＿＿＿＿、＿＿＿＿＿＿、＿＿＿＿＿＿、＿＿＿＿＿＿、＿＿＿＿＿＿。

## 二、单项选择题

（1）当发现燃气泄漏时，下列做法中不正确的是（　　）。

A．立即打开窗户，并迅速关闭阀门

B．打开排风扇，并立即打电话告诉他人

C．若闻到非常浓的气体异味，则应立即迅速大声呼喊，用最快的方式通知周围的邻居熄灭明火

D．立即查找漏气部位并及时进行处理

（2）拨打 119 报警电话时，下列做法中不正确的是（　　）。

A．电话接通后，要迅速说明报警原因

B．告诉对方自己的姓名和电话号码，以便后续联系

C．在不清楚具体地址时，要说不知道

D．注意听清对方提出的问题，并正确回答

（3）（　　）是指一种将灭火剂直接喷射到燃烧物上，使燃烧物的温度降到燃点以下，进而使燃烧物停止燃烧的灭火方法。

A．冷却灭火法　　B．隔离灭火法

C．窒息灭火法　　D．抑制灭火法

## 三、简答题

简述火灾逃生的要诀。

# 学习成果评价

指导老师根据学生的实际学习成果对学生进行评价，学生配合指导老师共同完成表 3-1 所示的学习成果评价表。

表 3-1　学习成果评价表

<table>
<tr><td>班级</td><td></td><td>组号</td><td></td><td>日期</td><td colspan="2"></td></tr>
<tr><td>姓名</td><td></td><td>学号</td><td></td><td>指导老师</td><td colspan="2"></td></tr>
<tr><td>学习成果/模块名称</td><td colspan="6">消防安全</td></tr>
<tr><td>评价项目</td><td colspan="3">评价内容</td><td>评价方式</td><td>满分/分</td><td>评分/分</td></tr>
<tr><td rowspan="4">知识<br>40%</td><td colspan="3">火灾的成因及预防</td><td rowspan="4">理论测试</td><td>10</td><td></td></tr>
<tr><td colspan="3">发生火灾时的应急措施</td><td>10</td><td></td></tr>
<tr><td colspan="3">火灾逃生的要诀和心理误区</td><td>10</td><td></td></tr>
<tr><td colspan="3">常用的灭火方法和灭火器的使用方法</td><td>10</td><td></td></tr>
<tr><td rowspan="4">技能<br>40%</td><td colspan="3">预防火灾发生</td><td rowspan="4">实践操作</td><td>8</td><td></td></tr>
<tr><td colspan="3">在发生火灾时采取适当的应急措施</td><td>10</td><td></td></tr>
<tr><td colspan="3">在发生火灾时正确逃生</td><td>10</td><td></td></tr>
<tr><td colspan="3">熟练使用各类灭火器和使用正确的方法灭火</td><td>12</td><td></td></tr>
<tr><td rowspan="5">素养<br>20%</td><td colspan="3">积极参加教学活动，主动学习、思考、讨论</td><td rowspan="5">综合评判</td><td>6</td><td></td></tr>
<tr><td colspan="3">认真负责，按时完成学习任务</td><td>4</td><td></td></tr>
<tr><td colspan="3">谦虚勤勉，能够认识到自己的不足</td><td>4</td><td></td></tr>
<tr><td colspan="3">团结同学，热情友善</td><td>4</td><td></td></tr>
<tr><td colspan="3">守正创新，自信自强</td><td>2</td><td></td></tr>
<tr><td colspan="5">合计</td><td>100</td><td></td></tr>
<tr><td>自我评价</td><td colspan="6"></td></tr>
<tr><td>指导老师评价</td><td colspan="6"></td></tr>
</table>

## 安全小讲堂

火灾的成因和预防

寝室用电安全

# 第四章

# 谨防校园诈骗

# 第一节　校园诈骗的类型

校园诈骗是指以大学生为作案目标、以非法占有为目的、用虚构事实或隐瞒真相的方法骗取财物的行为。校园诈骗严重危害大学生的合法权益，轻则令大学生懊悔烦闷或陷入经济困境，重则导致大学生违法犯罪或轻生。

近年来，高校大学生被骗事件时有发生。诈骗分子以低劣的手段行骗却屡屡得手。究其原因，主要有以下几个方面：① 大学生思想单纯，对陌生人没有防范意识，轻易地与他人结交朋友；② 大学生缺乏社会经验和生活阅历，遇事不懂辨别真伪；③ 大学生容易感情用事，同情心泛滥，极易相信他人的话；④ 大学生求人办事时，成事心切，缺乏冷静思考的能力。

## 一、网络诈骗

### 案例1　刷单诈骗

一天，某学院大学生王某在QQ兼职群里主动添加了一位陌生人，并向其索要了一份申请表格，填写了自己的姓名、电话号码、支付方式、返款方式等。随后，王某将这份表格发送给了对方。10分钟后，对方称已经帮其申请了任务，王某只需要完成3个订单即可获取刷单佣金。王某听后，就在对方提供的网址上购买了5件商品，完成付款后，对方要求王某继续购买。王某表示支付宝内已经没有钱了，要对方先将前5单的佣金及本金返还，然后再继续购买，但对方不再应答了。此时，王某才发现自己被骗了，遂报案，共计损失2 160元。

（资料来源：澎湃新闻网，有改动）

### 案例2　网购诈骗

某高校大学生章某前一天刚在网上购买了一件商品，第二天下午，章某就接到了一个自称是支付宝工作人员的电话，说其昨天网购订单的资金被冻结，需要退款重新拍。章某按要求添加了对方QQ，对方发来一个链接，章某通过此链接填写了自己的姓名、电话号码、银行卡号、银行卡密码和手机

网购诈骗

收到的验证码等。对方一再表示章某操作超时，并让其重复填写了 3 遍。随后，章某便收到了银行扣款短信。这时，章某才意识到自己被骗了。

（资料来源：豆丁网，有改动）

网络诈骗是指诈骗分子通过社交软件等工具在网络上骗取他人财物的犯罪行为。具体来说，网络诈骗的形式有以下几种。

### （一）冒充好友诈骗

诈骗分子将带有木马病毒的文件或链接发送到大学生的 QQ，大学生点开文件或链接后，QQ 密码立即被诈骗分子盗取。接着，诈骗分子会在盗来的 QQ 的好友列表中寻找与被盗者关系亲密的人（如同学、朋友、亲人等），利用各种理由诱骗他们转账，如图 4-1 所示。

图 4-1　冒充好友诈骗

### （二）中奖信息诈骗

诈骗分子利用社交软件（如 QQ、微信等）、电子邮箱等随机向大学生发送中奖信息并附带网址。如果大学生信以为真，点开网址与对方联系，诈骗分子会以“中奖者”领奖必须先付个人所得税、手续费为由，诱骗大学生汇款，如图 4-2 所示。大学生汇款后，便再也联系不上对方了。

图 4-2　中奖信息诈骗

### （三）网络购物诈骗

诈骗分子在非法获取网络购物（以下简称网购）买家的信息后，以商品有问题为由联系买家，要求其退款或重新购买，然后引导买家进行一系列不正规操作，获取买家的支付密码，将钱从买家的银行卡中转出。

### （四）网络游戏诈骗

网络游戏诈骗针对的多是痴迷于网络游戏的大学生。这种诈骗主要有 3 种形式：① 低价销售游戏装备，骗取玩家信任后，让玩家通过线下银行汇款，得到钱款后立即消失；② 在游戏论坛上发布提供代练的信息，待得到玩家提供的汇款和游戏账号后，将游戏账号侵吞；③ 销售游戏账号，等玩家使用了几天游戏账号后再盗回。

### （五）网络购票诈骗

诈骗分子在各种社交平台发布飞机票、火车票、演出门票等售票信息，以内部票为诱饵引诱大学生购票。大学生付款后，便再也无法联系上对方了。

### （六）网络炒股诈骗

诈骗分子通过制作股票网站、投资网站，假冒某证券公司、某投资公司，以指导炒股、提供可靠投资信息为由，诱骗大学生交纳“会员费”“信息费”等。

网络炒股诈骗多为异地远程作案，这类案件线索少，侦破难度大，大学生一旦被骗，通常很难找回钱财。

### （七）网络彩票诈骗

诈骗分子创建虚假的彩票预测网站，并加装“流氓插件”。大学生一旦点击进入这些网站，页面上就会出现大量预测彩票中奖号码的内容，并提示只要成为会员就可以得到中奖号码。大学生若经不起诱惑，就会被引导支付会员费、代购彩票费、保证金、保密费、专家推荐费等名目繁多的款项，从而受骗。

### （八）网络交易诈骗

这里的“网络交易”主要是指诈骗分子“帮助”大学生办理某些特殊事宜而进行的交易，不包括网购。诈骗分子往往发布虚假的交易信息，内容多为帮助大学生办理落户手续、代写论文、介绍工作、注册学历证书（见图 4-3）等，但要求先付款。大学生一旦付款，就再也联系不上对方了。

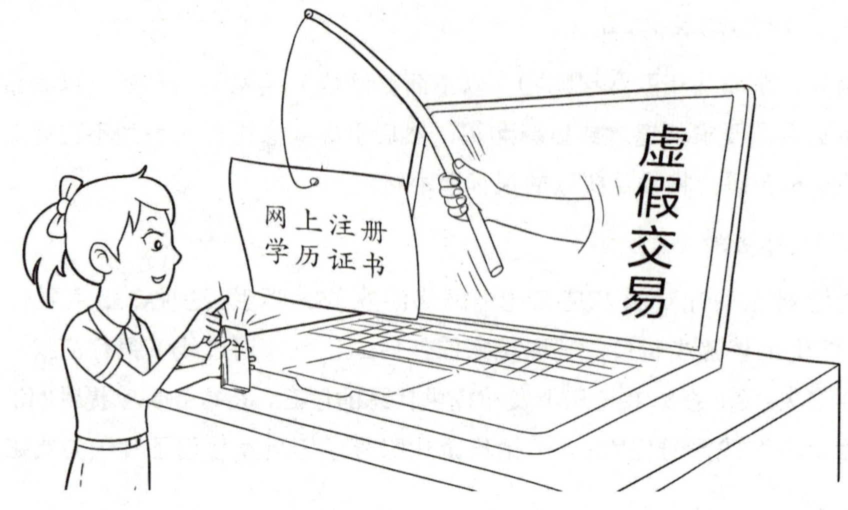


图 4-3　以"注册学历证书"为名诈骗

### （九）网络交友诈骗

诈骗分子利用网络发布个人条件优越的交友信息，如谎称自己是"款姐"或"富商"，在聊天中用甜言蜜语迷惑大学生，让大学生陷入甜蜜的"恋爱"之中。随着感情的升温，在骗取对方信任后，诈骗分子会选择合适时机提出借钱周转、合作经营、生病急救等各种理由，骗取大学生的钱财。

### （十）会员注册诈骗

诈骗分子会制作一些虚假的博彩网站、婚恋网站、色情网站的广告链接，引诱大学生点击进入。大学生一旦点击广告链接，页面上即会弹出注册会员的窗口，显示只有注册成功后才能进入网站。诈骗分子通常要求受害者用电话号码进行注册，一旦注册成功，便立即从受害者手机话费中扣掉"会员费"。

### （十一）网络刷单诈骗

刷单是指以造假的方式来提高商品的交易量和卖家信誉，从而吸引更多买家的行为。刷单属于虚假宣传，是一种违法行为。刷单诈骗是指诈骗分子以兼职刷单为诱饵，骗取受害者钱财的诈骗方式。诈骗分子通常诱导大学生下载违规 App，让其在 App 内搜索指定商品并下单，并承诺在刷单结束后返还本金和支付佣金。前几次刷单，诈骗分子会返还本金并支付佣金，但等到大学生完全放下戒心投入更多本金后，会发现自己再也无法登录 App，也无法提现，并且诈骗分子也早已消失。

## 二、电信诈骗

### （一）伪装身份诈骗

诈骗分子往往冒充老师和熟人，以收学费、借钱救急为由骗取大学生的钱财，或者冒充黑社会人员，通过威胁大学生的人身安全来骗取钱财。这类诈骗多通过打电话或发短信等方式进行，诈骗分子所使用的电话卡一般是盗用他人身份证办理的，因此公安机关很难获取诈骗分子的真实信息。

#### 1. 冒充老师

诈骗分子通过各种方式掌握老师的姓名、所在院系、所任职务等详细信息，然后冒充老师给大学生打电话，以购买书籍、收学费等为由，让大学生将钱打到指定银行账户。

**案例3 冒充老师诈骗**

> 寒假的一天，某高校大一新生蓝某接到自称是郑老师（该学生的班主任）的人打来的电话，让其帮忙转 1 000 元到“系主任”的银行卡里，并声称开学后还给她。随后，蓝某将身上仅有的 400 元通过 ATM 转入对方提供的银行账户。蓝某再次拨打“郑老师”的电话时，该电话号码已无人接听。
>
> （资料来源：澎湃新闻网，有改动）

#### 2. 冒充熟人

诈骗分子冒充熟人给大学生打电话，在电话中让大学生猜猜他是谁，当大学生报出某个熟人的姓名后，诈骗分子立刻谎称就是此人，然后嘘寒问暖，与大学生套近乎，等与大学生拉近距离后，便以住院、财物被盗为由向大学生借钱，如图 4-4 所示。

图 4-4 冒充熟人诈骗

3．冒充黑社会人员

诈骗分子冒充黑社会人员给大学生打电话、发短信，声称该大学生得罪了某人，要替对方报仇，并用一些性质恶劣的语言威胁大学生，使其产生极度恐惧的心理，随后以“拿钱消灾”为由逼迫大学生向指定银行账户转账。

### 案例4 冒充医保工作者诈骗

一天，某高校大学生杨某接到一个陌生电话，对方称杨某的医保卡存在使用异常的情况，怀疑她有医保诈骗嫌疑，并要求杨某积极配合调查。诈骗分子以“不配合调查会坐牢”等语言恐吓杨某，要对其进行财产调查。后来杨某根据对方的提示在 ATM 上进行操作，结果被盗走了 9 000 元。

（资料来源：网易网，有改动）

### （二）刷卡消费诈骗

诈骗分子以银行客服中心或公安局经济犯罪侦查科的名义，给大学生打电话、发短信，称其刚刚使用银行卡在某地刷卡消费×××元。待大学生否认后，诈骗分子谎称大学生的银行卡可能被复制盗用，大学生需要到 ATM 上进行信息更改操作，或者需要根据电话、短信提示的步骤进行加密操作。大学生一旦产生恐慌心理，就有可能按照诈骗分子的指示进行操作，在不知不觉间将钱财转入诈骗分子的银行账户。

### （三）引诱汇款诈骗

诈骗分子将“请把钱存到×××银行账户，××先生”等诈骗短信以群发方式大量发出。正有汇款计划的大学生如果碰巧收到这类短信，可能会放松警惕，不加核实就直接将钱款汇入该银行账户。此外，拖欠他人钱款的大学生在收到这类短信时可能会认为发送者是催款人，于是不加验证便将钱款汇入该银行账户。

### （四）汇钱救急诈骗

诈骗分子通过网络聊天掌握大学生的家庭成员信息后，首先通过反复骚扰或其他手段迫使大学生手机关机。在大学生手机关机期间，诈骗分子会以医生或警察的名义给大学生家长打电话，谎称大学生生病或车祸住院正在抢救，甚至谎称大学生被绑架，要求家长汇钱到指定银行账户，以此实施诈骗。

### （五）电话欠费诈骗

电信诈骗之
银行卡盗刷

诈骗分子冒充电信工作人员向大学生家中打电话，谎称大学生在某地办理了固定电话并已欠费——“我是某某电信局，您办理的电话已欠费，我们怀疑您涉嫌洗黑钱、电信诈骗等犯罪，请配合调查”。当大学生反映并未登记办理“欠费”电话时，诈骗分子会继续以大学生身份信息泄露、被他人冒用、公安机关正在调查此事为由，将电话转接到所谓的公安部门。接着，诈骗分子冒充公安民警谎称大学生的身份资料被他人盗用，涉嫌洗黑钱犯罪，必须提交财产证明洗脱嫌疑，诱骗大学生将钱款汇入诈骗分子提供的银行账户内。

### 案例5 冒充公安局工作人员诈骗

一天，某高校大学生周某接到一个自称是某公安局工作人员的人打来的电话，对方称周某涉嫌参与一起洗黑钱案件，并通过短信给周某发送了一个链接。周某打开链接，看到自己已成为犯罪嫌疑人的信息后非常害怕。这时，对方立即以“洗黑钱要判有期徒刑”等语言恐吓周某，并警告他在调查期间不许向任何人说起此案。对方告诉周某，如果想要洗脱嫌疑，证明自己的清白，就必须提供一定数额的财产证明。此时的周某已经被吓糊涂了，彻底落入了诈骗分子设下的圈套中。周某分别向家人、朋友、同学及网贷平台等借钱，先后共计被骗6万多元。

（资料来源：财经头条网，有改动）

### （六）丢卡诈骗

诈骗分子在自己制作的消费金卡背面写上可供消费的金额和联系电话，并特意说明该卡不记名、不挂失。诈骗分子将这些消费金卡扔在一些大型商场、超市等显眼处，当有大学生捡到该卡，并拨打该卡上的联系电话咨询时，对方就会告诉大学生要先交纳手续费激活该卡，然后才能使用，以此实施诈骗。

### 课后互动

以小组为单位，就以下问题进行交流、讨论。

★ 最常遇到的校园诈骗形式有哪些？

★ 想必大家都接到过诈骗电话，你是如何做的？

## 三、其他诈骗

### （一）弄虚作假，以次充好

一些诈骗分子将假冒伪劣商品推销给大学生，并称这些商品是厂家直销，物美价廉且数量有限。个别大学生被花言巧语迷惑，最后发现买来的商品要么无法使用，要么使用几次就坏了。例如，开学之际，许多诈骗分子潜入大学生寝室推销低价充电宝，实际上这些充电宝内部只有两节电池，其余为水泥或石块，如图 4-5 所示。

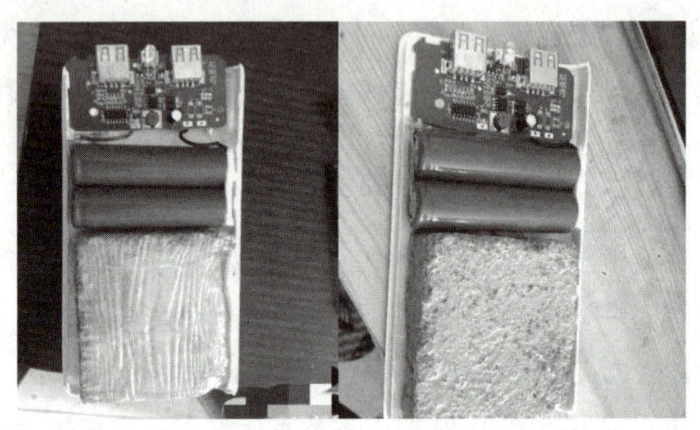

图 4-5　假充电宝

### （二）校园代理，引诱上钩

诈骗分子通常自称是学校往届毕业生，现在是某商品的代理商，希望通过发展校园代理，为学弟、学妹们提供勤工俭学的机会。这些诈骗分子通常以低于市场同类商品的价格作为诱饵，引诱大学生大量购买其推销的商品，成为校园代理（见图 4-6），但这些商品都是假冒伪劣商品，根本无法销售。

图 4-6　以校园代理为名诈骗

## 案例6 冒充学长上门推销

一个诈骗分子冒充某高校大学生进入该校，在学生寝室楼内以“学长”的身份向新生推销“快乐学习报套餐”“校园上机卡”等无法正常使用的商品。新生防范意识较弱，没过多询问商品信息就购买了商品。最终，20 多名新生被骗，涉及金额高达 5 000 多元。

（资料来源：网易网，有改动）

## 案例7 校园代理骗局

某日，大学生小文在校园散步时遇到柯某，柯某手中拿着一瓶某品牌护肤品，声称自己是该护肤品推销员，并询问小文是否有兴趣做校园代理。看到小文有些迟疑，柯某补充道，只要成为校园代理就可以低价拿货，销售所得全部归校园代理所有。

小文对该品牌比较了解，对方报出的价格也确实比市场上同类商品的售价低很多，而且身边很多女生都使用该品牌护肤品，自己不愁没有销路，于是便同意成为校园代理。随后，柯某从自己的车上拿出一箱护肤品，小文开箱检查了最上面的几瓶护肤品，确认是正品后，便向柯某支付了 800 元。柯某保证，若护肤品销售不出去，则可以联系他退货。

小文回到宿舍整理这箱护肤品时，才发现除了最上面的几瓶是正品外，其余均为假冒伪劣商品。

（资料来源：搜狐网，有改动）

### （三）假装可怜，骗取同情

诈骗分子常常利用大学生的同情心，以钱包被盗、路费不够、没钱吃饭等理由向大学生借钱或要钱，如图 4-7 所示。由于借款或索要的钱财不多，因此部分大学生往往会乐于帮助对方，但这样便落入了诈骗分子设下的圈套之中。

图 4-7 以“借路费”为名诈骗

### 案例 8 现金诈骗

某高校大学生吴某，在校园附近遇到一男一女。两人 60 岁左右，衣衫褴褛，声称从外地来看望孩子，但途中丢失了孩子的住址，现在身无分文，希望能向吴某借一些钱，等找到孩子后再还给他。吴某看到两位老人十分可怜，于是便借给他们 650 元现金。两人拿到钱后连声道谢，并给吴某写了一张字条，留下了联系方式。过了几天，吴某在拨打字条上的电话时发现，此电话号码是空号。这时，他才意识到自己被骗了。

（资料来源：腾讯网，有改动）

#### （四）理财为名，骗钱为实

诈骗分子以高利息、稳收益为诱饵，诱骗大学生购买某项虚假的理财产品，如图 4-8 所示。有些大学生因经受不住诱惑而上钩，最终蒙受金钱损失。

图 4-8　以“理财”为名诈骗

#### （五）骗取信任，寻机作案

诈骗分子常利用大学生单纯、容易接近的特点，寻找机会与大学生拉关系、套近乎。开始时，诈骗分子都会表现得十分慷慨，在骗取大学生的信任后便寻机作案，骗其财物。

#### （六）ATM 取款，虚假告示

诈骗分子预先遮挡、堵塞 ATM 出卡口、取款口，并在 ATM 上张贴虚假服务热线告示，引诱大学生在银行卡被吞后拨打该服务热线，伺机套取银行卡密码并让大学生第二天去银行取卡，如图 4-9 所示。待大学生离开后，诈骗分子便来到 ATM 前，盗取卡内钱财。

图 4-9　ATM 虚假告示诈骗

# 第二节　校园诈骗的预防与应对

## 一、校园诈骗的预防

大学第一课——识骗子

大学生可从以下几个方面防范校园诈骗。

### （一）强化防范意识

大学生无论身在何处，都要具备防范诈骗的意识。在校内，大学生应积极参加学校组织的安全教育活动，经常关注新闻报道的诈骗案件，多了解最新的诈骗形式，掌握防范诈骗的技能。在校外，大学生应对陌生人保持警惕，不轻易透露个人信息，让诈骗分子无机可乘。

### （二）不感情用事

诈骗分子有时会雇用或胁迫老年人、未成年人实施诈骗，编造种种凄惨故事来博取大学生的同情。对于陌生人，大学生不能感情用事，更不能任其摆布。如果感情用事，往往很容易上当受骗。

### （三）不贪小便宜

天上不会掉馅饼，大学生对特别容易赚到的钱，特别是陌生人许诺的利益，一定要持怀疑态度，三思而后行。

### （四）多与同学沟通

大学生之间应保持沟通，分享自己遇到的诈骗事件，避免他人上当受骗。当发现他人可能遭遇校园诈骗时，应及时伸出援手。

## 二、校园诈骗的应对

遭遇园诈骗时，大学生应沉着、冷静，采取以下应对措施。

（1）稳住对方。当遇到诈骗分子时，应尽量不让诈骗分子察觉自己已经生疑，继续和诈骗分子聊天，以免其逃脱，然后伺机寻求帮助。

（2）及时报警。当发现自己上当手受骗时，应立即向公安机关报案，并提供自己掌握的所有信息，如诈骗分子的外貌特征、口音，其提供的联系电话、银行账户等，以便公安机关侦查。

（3）以智取胜。在校园内遇到诈骗分子时，可以请周围的同学协助，共同将诈骗分子扭送到保卫处，或者请同学拨打校园报警电话进行求助；如果周围没有可以求助的同学，要想办法把诈骗分子引到有保安、老师的地方并求助。在校外遇到诈骗分子时，应设法逃脱并拨打 110 报警电话，或者把诈骗分子引到人多的地方然后求助。

**课后互动**

以小组为单位，说说自己身边发生的或所知的诈骗案件，讨论可采取哪些措施防范与应对诈骗。

笔记

# 第三节　校园贷

近年来，国家加强了对校园借贷的监管，并取得了初步成效。但仍有一些不法分子在利益的驱使下，以各种形式（如“求职贷”“培训贷”“创业贷”“校园贷”等不良借贷形式）引诱大学生贷款，从中收取高额利息，严重损害了大学生的合法权益，造成了不良的社会影响。

## 一、校园贷的陷阱

### （一）门槛低，易申请

很多校园贷平台都以“无须任何手续、三分钟完成办理、当日放款”等广告信息吸引高校大学生，大学生只需要通过电脑或手机操作，将学生证、身份证，以及借款人和父母（或老师）的联系方式等信息上传，就可轻松贷到款，这种看似快速为大学生解决资金短缺问题的方式，实则充满了陷阱。

#### 大学生借校园贷的用途

因虚荣心陷入校园贷

为了了解校园贷在大学中的客观存在情况，天津某大学对在校大学生进行了一系列问卷调研，针对“大学生借校园贷的用途”的调研，结果显示，70.41%的调研对象认为大学生使用校园贷是用于购买奢侈化妆品；61.95%的调研对象认为大学生使用校园贷是用于参与同学聚会、旅游等娱乐支出；57.69%的调研对象认为大学生使用校园贷是用于满足男女朋友的消费需求；52.52%的调研对象认为大学生使用校园贷是用于购买电子产品；35.98%的调研对象认为大学生使用校园贷是用于补充生活费；16.28%的调研对象认为大学生使用校园贷是用于创业；8.59%的调研对象认为大学生使用校园贷是用于购买学习资料；6.27%的调研对象认为大学生使用校园贷是用于赌博等其他用途。

### （二）提供创业资金

校园贷平台利用在校大学生想创业但苦于没有资金支持的机会，向大学生提供表面低息、易审批的创业资金。为了引诱更多的大学生申请创业贷款，他们往往将贷款额度调低，并建议大学生请求身边朋友或同学的帮助，以获取更多的贷款，殊不知这已落入了诈骗分子的圈套中。

### （三）提供特殊借贷条款

提供特殊借贷条款

很多校园贷平台会向大学生提供“裸条放款”，即以借款人手持身份证的裸照替代借条进行借款。对于一些涉世未深且思想开放的当代大学生来说，这个条款无疑是极具吸引力的——只需要拍张照就可借到钱，何乐而不为？但是，高借贷利率往往会导致大学生无力偿还债务，一旦大学生不能按时还贷，就会被威胁公开其裸照，甚至要求通过性服务来偿还。

### 案例9 “裸贷”终成悲剧

大学生阿花性格外向，面容姣好，但皮肤有些粗糙，这让阿花一直耿耿于怀。一天，同班同学告诉阿花，市中心有家美容院，只要一个疗程就可以改善皮肤状况，效果很好。在爱美之心的驱使下，阿花来到那家美容院，咨询后得知一个疗程需要6 000元。

经济拮据的阿花根本无力担负一个疗程的费用。一个偶然的机会，她发现某网贷平台上有专门针对大学生创业、消费类的贷款业务。但根据贷款条件，像阿花这种平时网络消费有限、信用有限的大学生，最多只能贷3 000元。一心要变美的阿花决定借3 000元，3个月后一次性还清本金和利息。

于是，阿花急切地注册了账号，并按照网贷平台的要求，提供了自己和家人的详细资料。很快，阿花就收到了3 000元贷款。兴奋的阿花拿着自己的全部积蓄和找同学借的钱，去美容院办理了一张价值6 000元的美容卡。

3个月后，网贷平台提醒阿花该偿还贷款了，本息共计5 776元。阿花愣住了，她以为3 000元的贷款只有几百元的利息。

阿花束手无策。无奈之下，她请求放贷人宽限一段时间。但放贷人告诉阿花，必须按合同执行，若实在还不上，则可以帮她想其他办法。阿花一听放贷人还能为她想办法，十分高兴，于是便按放贷人的指示，加了一个名为“旺仔”的人的微信。旺仔在微信中对阿花说，他可以借给她钱，但需要阿花提供物品做抵押，月息 50%，贷款期限为 1 个月。

阿花犹豫了一下就答应了，因为对她而言，最重要的是解决现在的问题。于是，她问旺仔："你说的抵押是指什么呢？我只是个大学生，没有什么值钱的物品可以抵押给你。"旺仔说："很简单，只要你手持身份证拍一张裸照就可以了。按期还款付息，还完款后裸照就地销毁，就像这事没发生过一样。你们学校已经有上百个女生通过这种方式借钱了。给你的额度是 8 000 元，你考虑一下。"

为了解决眼前的困境，阿花同意了旺仔的抵押要求。最终，旺仔借给了阿花 8 000 元，而实际上只转给了阿花 2 224 元，剩余的 5 776 元作为还款被直接扣除了。

1 个月后，旺仔催促阿花偿还 12 000 元欠款，但阿花根本无力偿还。阿花不敢告诉家里，不敢和老师、同学提及。在之后的日子里，每当电话铃声响起，阿花都心惊胆战。她根本无法面对旺仔动辄要公布她裸照的威胁。

又过了半个月，旺仔给阿花的紧急联络人小瑞发了一张阿花的裸照，并告诉阿花再不还款，他就要公布裸照了。

在小瑞的劝说下，阿花将这件事情告诉了老师和家人。老师和家人权衡了利弊，最终选择了报警。

（资料来源：豆丁网，有改动）

### （四）制造低利息假象

校园贷经常以月利息 0.99%等低利息为噱头，营造利息不高的假象，实际上则是年利率高达 20%的超高利息。

真假的诱惑

校园贷计算利息时，本金是不变的。但正常按照银行的等额本息还款方式进行计算，借款人每月所欠本金是递减的。因此，校园贷的月利息远不止 0.99%。诈骗分子往往利用本金不变的空子来获取高额还款。

### （五）收取各种费用

校园贷平台对于贷款收取费用的名目繁多，除了收取贷款利息外，还会收取各种其他费用。综合这些费用，大学生需要承担的实际贷款利率很可能远远超出校园贷平台所公示的利率。

**生活案例**

某校园贷平台借款时收取的各项费用如下。

（1）贷款利息：校园贷平台的利率范围为 10%～24%（在该平台上借贷的最高年利率为同期银行贷款年利率的 4 倍）。

（2）逾期罚息：发生逾期时，正常利息费用停止计算，逾期 1～10 天收取 0.05%的逾期罚息，10 天以上收取 0.1%的逾期罚息。

（3）逾期管理费：发生逾期时，正常借款管理费用停止计算，逾期 1～10 天收取 0.1%的逾期管理费，10 天以上收取 0.5%的逾期管理费。

（4）充值费：收取充值资金 0.5%的转账费用，充值费上限 100 元。

（5）提现费：收取提现金额 0.3%的提现费，不设上限。

（6）借款服务费：根据借款人信用等级收取，借款成功后一次性缴纳借款服务费。校园贷平台把借款人信用划分为 7 个等级，最高等级费率为 0%，中间等级费率为 2%，最低等级费率为 5%。

（7）借款手续费：借款成功后一次性交纳 500 元手续费。

（8）代理费：为扩大业务，圈占地盘，校园贷平台一般会设校园代理，这些代理人通过为平台争取客户，领取提成奖励；如果代理人主动拉生意，成为中介，则还可以同时从借款人手里抽取中介费。这就是大学生通过校园中介借款时需要缴纳的代理费。

### 案例 10 民间借贷

某高校大学生张某因网店经营不善，而无法偿还批发商的 8 万余元货款，天天被催还款。为了不让父母担心，张某私自向民间借贷公司借了 8 万元贷款。仅仅 3 个月，张某所借的本金和利息便高达 15.8 万元。为了还上贷款，张某又向其他借贷公司借款。拆东墙补西墙，张某背负的贷款越来越多。最终，张某因无力偿还贷款，而在某日傍晚，在校外被几家借贷公司人员围堵恐吓，后通过报警求救才得以脱身。目前，张某已经办理了退学。

（资料来源：法律咨询网，有改动）

## 二、校园贷的预防与应对

再见，校园贷

为避免陷入校园贷的泥潭，大学生在日常生活和消费中应注意以下几点。

（1）树立正确的消费观念。大学生应以学习为主要任务，不应过度追求物质享受，不和同学攀比，在自己能够承受的范围内消费。

（2）制订消费计划，合理安排生活支出。自觉抵制过度、超前消费（见图4-10），适度参加各种聚会或团体活动。

图4-10　超前消费

（3）勤工俭学。如果生活费无法满足正常的生活开支，大学生可以通过校园兼职赚取生活费，如在食堂、图书馆打工，还可以在校外做家教、服务员等。

（4）在正规平台申请贷款。申请贷款时，不要轻易相信“低门槛发放贷款”的网贷平台，应通过正规的银行进行贷款。

（5）了解相关金融知识和法律知识。了解基本的金融知识，如贷款利息、违约金、滞纳金等收费项目的计算方法，了解与网贷、网络安全相关的法律常识，避免上当受骗。

大学生除了自己不要轻易贷款外，也要防范身边的人利用自己的身份信息贷款，以免因“被贷款”而背上沉重的债务。为避免“被贷款”，大学生应注意以下几点。

“贷”你拨开迷惘

（1）不轻易透露私人信息，如家庭住址、父母工作及生活费用等。

（2）不轻易将身份证、学生证、银行卡等各类证件原件或复印件转借他人。

（3）不要轻易通过网贷平台帮助同学贷款，包括最信任的同学。

（4）如果发现被骗，则应及时通知老师或学校管理部门，必要时报警或通过法律途径解决问题。

## 政策引领

### 五部委联合发文规范大学生互联网消费贷款监督管理工作

针对部分互联网金融平台以大学校园为目标，通过诱导性营销，发放针对大学生的互联网消费贷款，诱导大学生过度、超前消费，导致部分大学生陷入高额贷款陷阱的现象，中国银保监会办公厅、中央网信办秘书局、教育部办公厅、公安部办公厅、中国人民银行办公厅于2021年联合印发《关于进一步规范大学生互联网消费贷款监督管理工作的通知》，从四个方面进一步规范大学生互联网消费贷款监督管理工作，切实维护大学生的合法权益。

一是加强大学生互联网消费贷款业务监督管理，明确未经监管部门批准设立的机构不得为大学生提供信贷服务，组织各地部署开展大学生互联网消费贷款业务监督检查和排查整改工作。

二是加大对大学生的教育、引导和帮扶力度，从提高大学生金融安全防范意识、完善帮扶救助工作机制、全面引导大学生树立正确消费观念、建立日常监测机制等方面，要求各高校切实担负起学生管理的主体责任。

三是做好舆情疏解引导工作，对于利用大学生互联网消费贷款恶意炒作、造谣生事的行为，指导相关单位主动发声、澄清真相，共同营造良好舆论环境。

四是加大违法犯罪问题查处力度，严厉打击针对大学生群体以套路贷、高利贷等方式实施的犯罪活动，加大对非法拘禁、绑架、暴力催收等违法犯罪活动的打击力度，依法打击侵犯公民个人信息的违法犯罪活动。

（资料来源：人民网，有改动）

## 课后互动

以小组为单位，就以下问题进行交流、讨论。

★ 你认为进行校园贷的大学生通常将钱花在了哪里？

★ 作为大学生应如何避免恶意贷款事件的发生？

# 综合测试

## 一、填空题

（1）____________是指诈骗分子通过社交软件等工具在网络上骗取他人财物的犯罪行为。

（2）____________是指诈骗分子以兼职刷单为诱饵，骗取受害者钱财的诈骗方式。

## 二、单项选择题

（1）一天，大学生李某收到一条中奖短信，短信中称交纳保证金后即可领奖。那么，李某应（　　）。

A．立即与对方取得联系，确认是否中奖

B．登录对方提供的网站，查询是否中奖

C．交纳保证金，等待领奖

D．对该短信置之不理，并告诫周围好友不要上当

（2）大学生小王想找一份兼职，积累社会实践经验。那么，他不可以做的工作是（　　）。

A．在学校餐厅勤工俭学　　　B．在校外奶茶店打工

C．在网上给别人刷单　　　D．家教

（3）下列选项中，不属于校园诈骗的是（　　）。

A．“国家机关人员”拨打某同学电话称“你涉嫌重大犯罪”

B．中国移动客服电话“10086”发短信通知某同学电话费余额不足

C．网购客服用电话指挥某同学通过 ATM 将钱转到所谓的“安全账户”

D．将假冒伪劣商品推销给大学生

## 三、简答题

（1）大学生应如何预防校园诈骗？

（2）大学生应如何应对校园诈骗？

（3）大学生应如何预防与应对校园贷？

# 学习成果评价

指导老师根据学生的实际学习成果对学生进行评价，学生配合指导老师共同完成表 4-1 所示的学习成果评价表。

表 4-1　学习成果评价表

<table>
<tr><td>班级</td><td></td><td>组号</td><td></td><td>日期</td><td colspan="2"></td></tr>
<tr><td>姓名</td><td></td><td>学号</td><td></td><td>指导老师</td><td colspan="2"></td></tr>
<tr><td>学习成果/模块名称</td><td colspan="6">谨防校园诈骗</td></tr>
<tr><td>评价项目</td><td colspan="3">评价内容</td><td>评价方式</td><td>满分/分</td><td>评分/分</td></tr>
<tr><td rowspan="4">知识<br>40%</td><td colspan="3">校园诈骗的类型</td><td rowspan="4">理论测试</td><td>8</td><td></td></tr>
<tr><td colspan="3">校园诈骗的预防与应对</td><td>12</td><td></td></tr>
<tr><td colspan="3">校园贷的陷阱</td><td>8</td><td></td></tr>
<tr><td colspan="3">校园贷的预防与应对</td><td>12</td><td></td></tr>
<tr><td rowspan="4">技能<br>40%</td><td colspan="3">识别各类校园诈骗</td><td rowspan="4">实践操作</td><td>10</td><td></td></tr>
<tr><td colspan="3">预防与应对各类校园诈骗</td><td>10</td><td></td></tr>
<tr><td colspan="3">识别各类校园贷陷阱</td><td>10</td><td></td></tr>
<tr><td colspan="3">预防与应对校园贷</td><td>10</td><td></td></tr>
<tr><td rowspan="5">素养<br>20%</td><td colspan="3">积极参加教学活动，主动学习、思考、讨论</td><td rowspan="5">综合评判</td><td>6</td><td></td></tr>
<tr><td colspan="3">认真负责，按时完成学习任务</td><td>4</td><td></td></tr>
<tr><td colspan="3">谦虚勤勉，能够认识到自己的不足</td><td>4</td><td></td></tr>
<tr><td colspan="3">团结同学，热情友善</td><td>4</td><td></td></tr>
<tr><td colspan="3">守正创新，自信自强</td><td>2</td><td></td></tr>
<tr><td colspan="5">合计</td><td>100</td><td></td></tr>
<tr><td>自我评价</td><td colspan="6"></td></tr>
<tr><td>指导老师评价</td><td colspan="6"></td></tr>
</table>

## 安全小讲堂

# 第五章

# 防范校园盗窃

# 第一节　校园盗窃常发场所和常发时间

盗窃是指一种以非法占有为目的，秘密窃取国家、集体或他人财物的行为。盗窃案在高校的各类安全案件中占90%以上。

## 一、校园盗窃常发场所

### （一）寝室

校园内的盗窃案多发生在寝室（见图5-1）、食堂、图书馆、体育场馆等场所。其中，寝室是校园中最常发生盗窃事件的地方，盗贼在寝室实施盗窃的方式主要有以下几种。

图5-1　寝室被盗

#### 1．顺手牵羊

盗贼趁大学生不注意，将其放在书桌上、床上、抽屉内的贵重物品顺手拿走；以上门服务、送东西、推销商品、找人等借口混入寝室，趁大学生上厕所、洗澡或到隔壁寝室时，将室内的贵重物品偷走。

#### 2．乘虚而入

盗贼趁大学生不在寝室时进入行窃，将发现的现金、存折、信用卡、贵重物品等全部拿走。

### 3. 竹竿钩盗

盗贼用竹竿等工具将大学生晒在窗外的衣服钩走，有的甚至会把纱窗弄坏，然后钩走放在书桌上、凳子上的衣服、皮包等。

### 4. 翻窗入室

盗贼翻越没有加固的窗户入室行窃。待窃得所要财物后，盗贼会大摇大摆地从大门离去，这样他们的身份就不易被发现了。

### 5. 撬开门锁

盗贼借用多种手段撬开门锁，盗窃大学生寝室内的手机、电脑、照相机、名牌衣服、高级运动鞋等贵重物品。

### 6. 盗取钥匙

盗贼盗取大学生随手乱丢的钥匙，后趁无人时打开大学生所住寝室的门锁，盗走现金和贵重物品等。这类盗窃案多是熟人所为。

## 案例1 贵重物品因随意乱放而导致被偷

国庆节放假前夕，某高校大一学生余某将一台笔记本电脑和一台平板电脑随手放在寝室书桌上后便回家了。余某在假期结束返校后发现，自己的笔记本电脑和平板电脑都不见了，而且寝室里其他室友的书桌、衣柜等也都有被翻动的痕迹。余某立即向学校保卫处报案，经查是校外人员所为。余某的寝室在二楼，小偷从未上锁的阳台窗户进入寝室实施盗窃。

寝室盗窃

（资料来源：腾讯网，有改动）

## 案例2 寝室接连被盗，竟是熟人所为

某高校大学生朱某等3人到学校保卫处报案，称他们寝室从去年下半年开始接连发生多起盗窃案，被盗物品除了现金、手表外，还有其他生活用品，价值达5 000多元。经调查，同寝室的汪某有重大作案嫌疑。经系辅导员、班主任多次与汪某谈话后，汪某承认了盗窃事实，并交代了盗窃经过。之后，汪某被学校开除。

（资料来源：豆丁网，有改动）

### （二）食堂

大学生在学校食堂就餐时，对随身携带的物品没有防盗意识，故经常被偷。盗贼在食堂实施盗窃的方式主要有以下几种。

#### 1. 尾随排队

盗贼往往在食堂人多的时候溜进去，然后跟在排队打饭的大学生后面，趁机盗窃大学生口袋内的手机、现金或敞开的背包中的平板电脑、钱包等，如图 5-2 所示。盗贼得手后，一般会立即换到其他队伍后，继续作案。

图 5-2　排队打饭时被盗

#### 2. 顺手牵羊

学校食堂就餐人数较多时，不少学生会先将书包、电脑包等放到餐桌或椅子上，用于占座，然后再去窗口排队打饭。在人多混乱的情况下，盗贼会顺手将大学生用来占座的物品拿走。

### 案例 3　在食堂吃饭时手机被偷

一天，某高校 4 名大学生同时报案，称他们的手机在学校食堂被偷。学校从派出所获悉，此盗窃案是由 5 人组成的盗窃团伙所为。这 5 名犯罪嫌疑人的年龄与高校大学生的年龄相仿，经常流窜于各个高校的食堂，盗窃大学生的财物。目前，该盗窃团伙已被抓获。

（资料来源：搜狐网，有改动）

### （三）图书馆、体育场馆

大学生在图书馆学习或体育场馆运动时，往往会将外套、书包、电脑、手机等物品随手放在一旁，而不留意看管，从而给盗贼提供了盗窃机会。

### 案例4 图书馆盗窃案

某高校导游专业的方某、冯某到学校保卫处报案，称他们在图书馆借阅区休息时，放在旁边充电的手机和挂在椅背上的米色帆布背包被偷，背包内有现金200元，还有校园卡、身份证等重要物品。经调查得知，该起盗窃案是校外人员所为，这种情况抓到盗贼的概率很小。

（资料来源：澎湃新闻网，有改动）

### 案例5 体育场馆盗窃案

某高校酒店管理专业的大学生傅某到学校保卫处报案，称自己在体育场馆内打篮球时，将外套放在一边，打完球后发现外套丢失，并称自己的外套口袋中有一部手机、一张校园卡和少量现金。经调查，该起盗窃案是该校学生刘某所为，学校已依据校纪校规对刘某进行了处罚。

（资料来源：豆丁网，有改动）

## 二、校园盗窃常发时间

### （一）新生入学期间

新生入学时，往往会带较多现金和贵重物品，很容易成为盗贼盗窃的目标。尤其在新生军训期间，寝室内长时间无人，盗贼往往会趁机作案。

### （二）临近放假期间

临近放假时，大学生因忙于期末考试，注意力多集中在复习上，而对自身财物保管的警惕性普遍不高，这很容易让盗贼有可乘之机。

### （三）临近毕业期间

临近毕业，大部分毕业生都忙于毕业答辩、找工作等，这些事情会耗费他们很多精力，导致他们无暇顾及财物安全问题，盗贼就会趁机实施盗窃。

### （四）校内举办大型活动期间

校内举办大型活动（如运动会、元旦晚会等）期间，大部分大学生都不在寝室，盗贼便会趁机进入寝室，实施盗窃。另外，参加活动的大学生大多沉浸在热闹的气氛中，疏于保管随身物品，盗贼此时若混入人群，便会趁机盗走大学生的钱包、手机等贵重物品。

### （五）上课期间

大部分高校通常将课程安排在 9:00—11:00 和 14:00—17:00，在这两个时间段内，绝大多数大学生都在教室上课，盗贼很容易进入寝室，实施盗窃。

### （六）夜间睡觉期间

很多大学生安全防范意识差，晚上睡觉时常常不反锁寝室门。盗贼便会趁大学生熟睡时，悄悄进入寝室，实施盗窃。

## 课后互动

以小组为单位，讨论自己身边发生的或所知的校园盗窃案件，具体说一说是在哪、何时发生的。

笔记

## 第二节　校园盗窃的预防

盗窃的基本防范方法有人防、物防和技防 3 种。其中，人防是预防和制止盗窃犯罪最可靠的方法：首先，表现为自防，很多盗贼都是利用大学生防范意识差的弱点来成功实施盗窃的，因此高校要经常对大学生进行防盗和法制教育，不断提高大学生的防范意识和法制观念，从而达到人人能自防、人人都能防的目标；其次，表现为专职人员的专防，由学校门卫、特殊场所的专职保安对校园进行定点安全管理和治安巡逻。物防是一种应用最为广泛的基础防护措施。技防即技术防范，是指通过技术手段能即时发现危险入侵、替代人员守护、长时间处于戒备状态的防范方法。

对于大学生来说，目前预防和制止盗窃犯罪最为有效、可靠的方法就是自防，即通过增强安全防盗意识，提高警惕，不给盗贼任何作案的机会。

### 一、寝室盗窃的预防

为预防寝室盗窃，大学生应做到以下几点。

（1）养成随手关窗、随手锁门的习惯。最后离开寝室的人，哪怕是离开一会儿，也要关好窗户、锁好门（见图 5-3），以防盗贼乘虚而入。

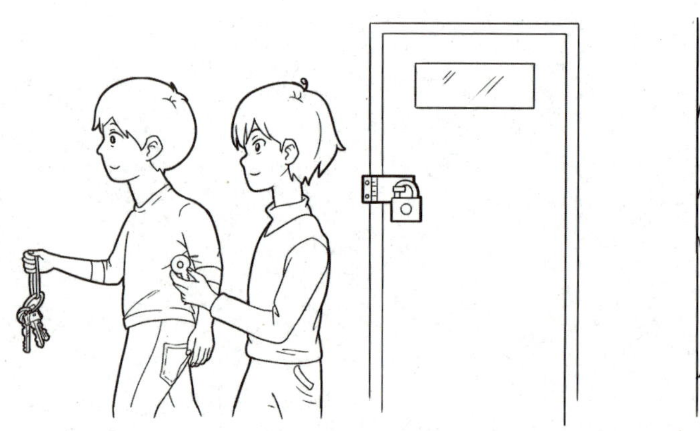

图 5-3　离开寝室时将门锁好

（2）不留宿外来人员。大学生热情好客很正常，但不可违反学生寝室管理规定，随便留宿外人，以防引“狼”入室。

（3）注意保管好自己的钥匙。大学生要妥善保管寝室钥匙、箱包钥匙、抽屉钥

匙等，不能将钥匙随意借给他人或乱丢乱放，以防“有心之人”配制或偷走钥匙，伺机实施盗窃。

（4）注意保管好大额现金、银行卡、存折等。要将大额现金及时存入银行，并慎选银行卡或存折的密码，可选择容易记忆且不易被破译的数字作为密码，不要选择自己的出生日期或学号等数字作为密码。如果确实需要将大额现金临时存放在寝室，则必须将存放现金的抽屉或柜子上锁并将钥匙随身携带。另外，不要将银行卡、存折等与身份证、学生证等放在一起，以防盗贼盗走后冒用身份，去银行挂失或修改密码。

（5）在校期间，大学生最好将贵重物品锁在抽屉里或柜子里，以防盗贼“顺手牵羊”。放假回家时，大学生应将贵重物品随身带走或委托可靠的人保管，不可将其留在寝室。晾晒在室外的衣物，特别是名牌衣物，要注意看管，及时收回。

（6）警惕寝室楼内形迹可疑的人，如图 5-4 所示。盗贼准备到寝室行窃时，往往会先混入寝室楼，并在寝室楼中四处转悠。一旦发现此类形迹可疑的人，大学生应主动上前询问，并请对方出示相关证件。如果对方神色慌张、支支吾吾，大学生可立即报告寝室管理员或学校保卫处。

图 5-4　警惕寝室楼内形迹可疑的人

## 二、食堂盗窃的预防

为预防食堂盗窃，大学生应做到以下几点。

（1）排队打饭时，应注意周边环境，提高警惕，不要将手机、钱包等放在裤子的后兜里，最好将背包移至身前。

（2）不要将饭卡、手机、钱包等随手放在餐桌上，就餐结束准备离开时，记得带走随身物品。若发现饭卡丢失，则应立即挂失。

（3）若需要用书包占座，则应取出书包内的贵重物品（如手机、电脑、相机等），随身携带或找同学帮忙看管（见图 5-5）。

图 5-5　找同学帮忙看管贵重物品

## 三、图书馆盗窃的预防

为预防图书馆盗窃，大学生应做到以下几点。

图书馆那些被盗的事

（1）严格遵守图书馆规章制度，这不仅有利于保持图书馆的有序、整洁，而且对于预防盗窃也有着重要作用。

（2）不要将手机、电脑等电子设备放在视线之外的地方，在休息时将其收好（见图 5-6），以防他人顺手牵羊；尽量不在书包里存放现金、银行卡等财物和身份证等重要证件，以免引起盗贼的注意。

图 5-6　休息时将手机收好

（3）去厕所或外出接打电话时，应将贵重物品随身携带或找同学帮忙看管。

## 四、体育场馆盗窃的预防

为预防体育场馆盗窃，大学生应做到以下几点。

（1）去体育场馆时尽量不带过多现金、贵重物品。

（2）若体育场馆内有保管处，则应将物品寄存在保管处；若无保管处，则应将物品置于显眼处由专人看管或轮流看管，不能随意乱放。

（3）注意形迹可疑的人，如东张西望的人或只注意他人物品、在他人物品周围徘徊的人。

（4）运动间隙随时看一看放在一边的物品是否还在，离开前清点物品。这样不仅可以避免物品遗漏，还可及时发现被盗或丢失的物品，从而提高找回的概率。

### 课后互动

以小组为单位，就以下问题进行交流、讨论：作为大学生，应如何防范校园盗窃？

笔记

# 第三节　校园盗窃的应对

如果在校园内遭遇盗窃事件，大学生应在确保自身安全的前提下，根据当下情况采取相应的应对措施。

## 一、发现可疑人员时的应对

在寝室发现可疑人员时，应主动上前询问或秘密观察。询问可疑人员时，要注意以下几点：① 态度始终温和，即使可疑人员态度恶劣，也应与之说理，切不可动手；② 不能私自搜身，必要时可请可疑人员将口袋或包中的物品拿出来，以供检查；③ 如果可疑人员确实是盗贼，还要防止其突然行凶或逃跑。

## 二、遇盗贼时的应对

遇盗贼时，要保持头脑冷静，并采取果断、有效的措施来阻止盗窃发生。

### （一）团结一心，以多胜少

如果在寝室发现盗贼，则要及时采取有效措施，以防止盗贼逃跑。在没有惊动盗贼的情况下，应一边守住寝室门或窗户，一边找同学帮忙。如果盗贼已经被惊动，则应大声呼喊，和同学一起围堵盗贼，如图 5-7 所示。

图 5-7　呼喊同学一起围堵盗贼

### （二）勇于斗争，大胆缉贼

在大学寝室这种寡不敌众的特定环境中，绝大多数盗贼都不敢轻举妄动。如果

遇盗贼正在作案，不要害怕，应拿起身边可以自卫的工具（如凳子、棍子等），保护自己，同时大喊同学前来援助，以防盗贼逃窜。一般情况下，同学或门卫值班人员会迅速赶到。如果盗贼行凶，可进行正当的防卫。

### （三）注意安全，随机应变

在援兵未到之前，要和盗贼保持一定距离，谨防盗贼行凶伤人。万一盗贼夺路而逃，应紧追其后盯住目标，同时大喊“抓贼”。如果遇到团伙作案，在其分头逃跑时，要集中力量抓住其中一个。需要注意的是，团伙作案被发现后，盗贼行凶伤人夺路而逃的可能性极大，因此大学生应注意安全，随机应变。

### （四）抓住盗贼，妥善处理

一旦抓住盗贼，应采取强制措施将其控制住，并尽快通知学校保卫处。必要时可直接将其扭送至学校保卫处，但要预防盗贼趁机逃走或伤人。另外，在扭送过程中，不能随意辱骂、殴打对方，否则有可能负法律责任。

### （五）盗贼逃脱，记住特征

若无法当场抓获盗贼，则应记住盗贼特征（见图 5-8），如年龄、性别、身高、相貌、衣着、口音等，以便警方破案。

图 5-8 记住盗贼特征

**创新强国**

#### 不断发展的天网工程

天网工程是指为满足城市治安防控和城市管理需要，利用图像采集、传输、显示等软硬件设备，对固定区域进行实时监控和信息记录的视频监控系统。天网工程由中央政法委员会牵头，中华人民共和国工业和信息化部、公安部等相关部委共同发起建设。

天网工程具有强大的人脸识别功能，1 秒就能将全国人口“筛”一遍。动态人脸识别技术的准确率也非常高，目前 1∶1 识别准确率已经达到 99.8%以上，而人类肉眼的识别准确率为 97.52%。经过多年发展，天网工程已经成为世界上最大的视频监控系统，一线城市基本实现监控全覆盖。

近年来，天网工程在强化城市综合管理、预防打击犯罪等方面发挥了巨大的作用，为我国良好的治安环境和较低的犯罪水平做出了重要贡献。

（资料来源：网易网，有改动）

## 三、被盗后的应对

（1）立即报告学校保卫处，同时封锁现场，不准任何人进入。

（2）主动向保卫人员提供线索，如寝室楼内过道、楼梯、窗户等的布局，寝室内人员、物品等的基本情况，以及可疑人员的基本特征等，以便保卫人员及时拟定相应的解决办法。

（3）如果发现存折或银行卡被盗，则应尽快到银行挂失，如图 5-9 所示；如果手机被盗，则应尽快办理停机手续，同时解绑各类支付软件上绑定的银行卡。

图 5-9　存折或银行卡被盗时尽快到银行挂失

## 课后互动

以小组为单位，就以下问题进行交流、讨论。

★ 说说自己有哪些不良的财物保管行为，应如何纠正？

★ 看看自己身边有哪些设施的安装及使用存在财物被盗的隐患，应如何排除？

笔 记

# 综合测试

## 一、填空题

（1）校园盗窃案常发场所包括________、________、________、____________等。

（2）校园盗窃常发时间包括______________、______________、______________、______________、______________、______________等。

（3）在体育场馆运动时，若体育场馆内有保管处，则应____________________；若无保管处，则应________________________________________，不能随意乱放。

## 二、单项选择题

（1）对于贵重物品的保管，下列做法中不正确的是（　　）。

A．随手将其放在寝室的桌子上

B．将其锁在柜子里

C．将其随身带走或委托可靠的人保管

D．及时收回晾晒在室外的名牌衣服

（2）在食堂排队打饭时，正确的做法是（　　）。

A．不注意周边环境，低头玩手机

B．将手机、钱包等放在裤子后兜里

C．将饭卡、手机、钱包等随手放于餐桌上

D．请同学帮忙看管贵重物品

（3）寝室发生盗窃案后，大学生首先应（　　）。

A．保护现场　　B．翻看自己的物品

C．自行调查　　D．指责舍友

## 三、简答题

（1）大学生应如何预防体育场馆盗窃？

（2）简述被盗后的应对方法。

# 学习成果评价

指导老师根据学生的实际学习成果对学生进行评价，学生配合指导老师共同完成表 5-1 所示的学习成果评价表。

表 5-1 学习成果评价表

<table>
<tr><td>班级</td><td></td><td>组号</td><td></td><td>日期</td><td></td></tr>
<tr><td>姓名</td><td></td><td>学号</td><td></td><td>指导老师</td><td></td></tr>
<tr><td>学习成果/<br>模块名称</td><td colspan="5">防范校园盗窃</td></tr>
<tr><td>评价项目</td><td colspan="2">评价内容</td><td>评价方式</td><td>满分/分</td><td>评分/分</td></tr>
<tr><td rowspan="3">知识<br>40%</td><td colspan="2">校园盗窃常发场所和常发时间</td><td rowspan="3">理论测试</td><td>10</td><td></td></tr>
<tr><td colspan="2">校园盗窃的预防</td><td>15</td><td></td></tr>
<tr><td colspan="2">校园盗窃的应对</td><td>15</td><td></td></tr>
<tr><td rowspan="2">技能<br>40%</td><td colspan="2">预防校园盗窃</td><td rowspan="2">实践操作</td><td>20</td><td></td></tr>
<tr><td colspan="2">发生校园盗窃时采用正确的方法应对</td><td>20</td><td></td></tr>
<tr><td rowspan="5">素养<br>20%</td><td colspan="2">积极参加教学活动，主动学习、思考、讨论</td><td rowspan="5">综合评判</td><td>6</td><td></td></tr>
<tr><td colspan="2">认真负责，按时完成学习任务</td><td>4</td><td></td></tr>
<tr><td colspan="2">谦虚勤勉，能够认识到自己的不足</td><td>4</td><td></td></tr>
<tr><td colspan="2">团结同学，热情友善</td><td>4</td><td></td></tr>
<tr><td colspan="2">守正创新，自信自强</td><td>2</td><td></td></tr>
<tr><td colspan="4">合计</td><td>100</td><td></td></tr>
<tr><td>自我评价</td><td colspan="5"></td></tr>
<tr><td>指导老师<br>评价</td><td colspan="5"></td></tr>
</table>

## 安全小讲堂

生活防盗技巧

# 第六章

# 校园生活与学习安全

# 第一节 校园暴力

暴力行为不仅限于肢体行为所造成的伤害，也包含语言伤害、被强迫做自己不愿做的事、被故意陷害造成生理及心理创伤等。随着社会的不断发展，人们的道德观念、思维模式、行为准则等都发生了极大的改变，导致犯罪率不断升高，犯罪年龄逐渐下降。近年来，校园暴力频频发生，打破了大学校园应有的宁静。校园暴力在严重损害受害者身心健康的同时，也破坏了校园正常的学习和生活秩序。要减少和避免校园暴力的发生，就需要社会、学校和大学生的共同努力。

### 案例1 只因看了一眼就被欺凌

某日22时至24时，某学院北校区一学生寝室发生多名大学生殴打、侮辱一名大学生的恶性事件。起因是当日下午上课期间，坐在前排的裘某因后排谢某等人讲话声音太大，转头看了她们一眼，以示提醒，裘某的这一举动让谢某等人非常不开心。22时左右，谢某等人以谈心为由把裘某叫到她们的寝室，问她上课时为什么“瞪”她们。随后，双方由言语冲突发展为肢体冲突，谢某等人用鞋子、衣架等物品对裘某进行了殴打，并逼迫其下跪、让其扇自己的耳光。整个过程长达1小时40分钟，导致裘某两耳耳膜穿孔、大面积软组织挫伤，并造成其严重的心理创伤。事后，谢某等人还威胁裘某不得向老师报告此事。

第二天一早，谢某等人因涉嫌寻衅滋事罪，被警方带走并被依法刑事拘留，后被学院开除。该事件性质恶劣、涉及人数多、影响范围大。

（资料来源：网易网，有改动）

### 案例2 因小矛盾而大打出手

某日晚上，某学院一学生寝室出现打架斗殴事件。起因是，当事人刘某与室友毛某因合买的手机出了问题而发生不愉快，刘某为了发泄不满情绪，在床上（毛某在下铺，刘某在上铺）不停抖脚。毛某认为刘某影响了她的休息而发生争执，并随手将刘某的拖鞋扔到了刘某的床上。刘某下床与之理论，两人争执不下进而拳脚相向。最后，两人都受到了相应的处分。

（资料来源：新浪网，有改动）

### 案例 3　因情感纠纷而引发打架斗殴

某日晚上，某学院A系学生胡某、方某和B系学生邵某在北校区6号寝室楼和7号寝室楼之间打架斗殴。起因是当日晚上，方某在酒后打电话给陈某（胡某前女友），说胡某喝醉一直要找她，见不到她就不走，方某希望陈某来劝一下醉酒的胡某。随后，陈某和现男友邵某一起前往，邵某因不满胡某对女友的纠缠，与之发生口角，随即升级为打架斗殴，邵某的手、膝盖均受伤。事后，涉事人员均被学校处分。

（资料来源：澎湃新闻网，有改动）

### 案例 4　因醉酒闹事而进派出所

某日晚上，某学院A系学生林某等4人在酒后回寝室的路上，与B系两个留学生姜某、朴某及体院两个男学生发生口角。随后，8人发生了肢体冲突，造成林某等4人受伤，后被送至医院。A系学生倪某听闻后情绪激动，前来为林某打抱不平，但被之后赶到的一名体院男学生打了一拳，双方随后被带到派出所。事后，涉事人员均被学校处分。

（资料来源：中国警察网，有改动）

## 一、校园暴力的类型

校园暴力（见图6-1）是指发生在校园或校园附近的，以老师或学生为施暴对象的恃强凌弱的暴力行为。具体来说，校园暴力有以下几种类型。

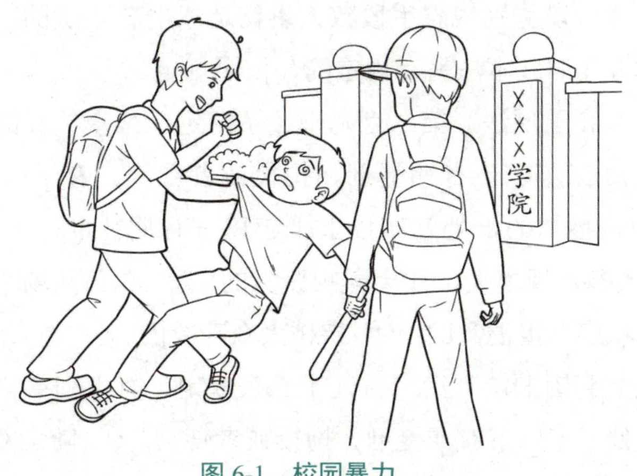


图6-1　校园暴力

### （一）校外人员对大学生实施暴力

校外人员对大学生实施的暴力主要分为两类：一是社会不法分子直接对大学生实施暴力；二是社会不法分子与校内的某些大学生相互勾结，对其他大学生实施暴力。

### （二）大学生对大学生实施暴力

近年来，一些在校大学生对其他大学生实施暴力的事件频频发生，手段也更加多样化，如怂恿他人排挤受害者，嘲讽、中伤受害者，殴打、虐待、抢夺、勒索、恐吓受害者，以及在网络上发布欺侮受害者的照片和视频，等等。这类校园暴力对大学生的伤害极大，甚至会造成人员伤亡。

### （三）师生之间实施暴力

师生之间实施暴力在校园暴力中所占比重较小，但危害极大，不容忽视。一些品质较差的大学生不能接受老师真诚的批评教育，甚至对老师怀恨在心，于是便单独或纠集他人对老师实施暴力。也有一些素质不高的老师会体罚大学生，对大学生的身心造成伤害，甚至导致大学生自杀。

## 二、校园暴力的后果

大学生参与校园暴力，轻则需要赔偿医药费并被学校处分（一般为留校察看或开除学籍），重则被治安处罚（若触犯法律）或被刑事处罚（若涉嫌犯罪）。《中华人民共和国刑法》分别对故意伤害罪、聚众斗殴罪和寻衅滋事罪进行了如下处罚规定。

《中华人民共和国刑法》第二百三十四条规定，故意伤害他人身体的，处三年以下有期徒刑、拘役或者管制；犯前款罪，致人重伤的，处三年以上十年以下有期徒刑；致人死亡或者以特别残忍手段致人重伤造成严重残疾的，处十年以上有期徒刑、无期徒刑或者死刑。本法另有规定的，依照规定。

《中华人民共和国刑法》第二百九十二条规定，聚众斗殴的，对首要分子和其他积极参加的，处三年以下有期徒刑、拘役或者管制。有下列情形之一的，对首要分子和其他积极参加的，处三年以上十年以下有期徒刑：① 多次聚众斗殴的；② 聚众斗殴人数多，规模大，社会影响恶劣的；③ 在公共场所或者交通要道聚众斗殴，造成社会秩序严重混乱的；④ 持械聚众斗殴的。

《中华人民共和国刑法》第二百九十三条规定，有下列寻衅滋事行为之一，破坏社会秩序的，处五年以下有期徒刑、拘役或者管制：① 随意殴打他人，情节恶劣

的；② 追逐、拦截、辱骂、恐吓他人，情节恶劣的；③ 强拿硬要或者任意损毁、占用公私财物，情节严重的；④ 在公共场所起哄闹事，造成公共场所秩序严重混乱的。纠集他人多次实施前款行为，严重破坏社会秩序的，处五年以上十年以下有期徒刑，可以并处罚金。

## 三、校园暴力的防范

### （一）遵守校纪校规和集体规章制度

对伤害说不

国有国法，校有校规。高校作为一个集体，必然具有所有大学生应共同遵守的制度和规则。大学生无论是在社团、班级还是寝室，时刻都处于集体中，应当按照集体规章制度行事，尊重他人，共创和谐集体（见图 6-2）。

图 6-2　共创和谐集体

### （二）谨慎交友，远离是非

古人云："近朱者赤，近墨者黑。"大学生在结交朋友时，应具备一定的辨别能力。尤其是在接触校外人员时更要谨慎，不可轻易相信陌生人。

此外，大学生应牢固树立安全意识，与社会不良人员保持距离，远离是非，以免给自己带来不必要的麻烦。

### （三）冷静理智，控制情绪

在与他人相处过程中，控制情绪、保持理智是友好交往的基础，也是消除纠纷的"灵丹妙药"。冷静理智的人在遇到纠纷时，能努力控制自己的情绪，认真地自我反思，原谅他人的过失，避免产生不必要的冲突，如图 6-3 所示。

图 6-3　心平气和地解决问题

### （四）讲文明话，做文明事

正所谓："病从口入，祸从口出"，语言往往是引起纠纷的导火索。事实证明，大学生发生的纠纷多数是由口角引起的。在日常生活中，大学生要做到说话和气、以理服人，不要强词夺理、恶语伤人，更不要说粗话、脏话。同时，行为举止要文明有度，不能粗鲁野蛮。

### （五）善于接纳，互谅互让

大学生要善于倾听不同的意见，做到求同存异、取长补短。在与同学、老师、朋友相处时，要宽容大度、互谅互让。

### （六）加强沟通，互相信任

大学生生活在一个集体中，同学之间要互相信任，遇事不能只凭表面现象胡乱臆断和揣测，要及时沟通，弄清事情的真相。在日常交往中，要多与同学沟通交流，加强感情，增强信任，使双方不会因无端的猜疑而发生纠纷。

### （七）互帮互助，共同进步

在日常生活和学习中，同学之间要相互关心、相互帮助、相互鼓励、共同进步。助人为乐、团结友爱是中华民族的传统美德，也是增进同学间友谊和感情的"灵丹妙药"，正如一首歌中所唱："只要人人都献出一点爱，世界将变成美好的人间。"

### （八）依法而行，合理解决

在与他人相处中，难免会产生一些误会、发生一些矛盾。这时，要保持冷静，克制自己的不良情绪，心平气和地解决问题。如果自身的合法权益受到侵害，则应向对方讲明其行为已触犯法律，要承担法律责任和严重后果，并尽快与老师和相关部门取得联系，通过正当合法的手段解决问题。

## 四、校园暴力的正确应对

大学生在面对校园暴力时，可采取以下应对措施。

### （一）及时脱险

当校园暴力即将发生时，大学生首先应设法尽快脱离险境，从而避免受到伤害；若已经被施暴者控制，可以先假意满足施暴者的要求以稳住对方，然后伺机报警或逃跑。

### （二）正当防卫

当遭遇校园暴力，特别是遭遇严重威胁人身安全的校园暴力时，大学生应采取必要的、合法的自卫手段来保护自身安全。

### （三）寻求援助

当遭遇校园暴力时，大学生应向老师、同学或校内安保人员求助。如果暴力事件升级或已经造成了严重后果，则应向当地公安机关报案，寻求援助。

### （四）收集证据

当遭遇校园暴力时，大学生若无法脱身，则可以收集相关证据，如记下施暴者的外貌特征，收集施暴者的遗留物品，对身体受伤的部位拍照取证，等等。这些证据能帮助相关部门将施暴者绳之以法。

### 课后互动

以小组为单位，就以下问题进行交流、讨论。

（1）你所了解的校园暴力事件有哪些？你从中获得了哪些经验和教训？

（2）当遭遇校园暴力时，你会如何应对？

### 笔记

# 第二节 非法诱惑

大学生常见的非法诱惑包括传销、“黄赌毒”等。这些非法诱惑不仅会严重影响大学生的正常生活和未来发展，还有可能危及大学生的生命。

## 一、传销

面对当前严峻的就业形势，部分大学生求职心切，而传销组织正好利用这一点，以“好工作”“高收入”等为诱饵，将大学生骗入传销组织，使大学生成为传销的牺牲品，给大学生的身心健康和个人成长都带来严重的危害。

### （一）传销的含义

传销（见图 6-4）是指组织者或经营者发展人员，以被发展人员直接或间接发展的人员数量或销售业绩为依据，为其计算和给付报酬，或者以要求被发展人员交纳一定费用而取得加入资格等方式牟取非法利益，扰乱经济秩序，影响社会稳定的行为。

图 6-4 传 销

**案例5 身陷传销组织的大学生出现严重的精神问题**

某旅游学校的大学生吴某，在校外餐馆认识了一名女服务员。某年十一长假期间，吴某接到了该女生的电话，说是约他去北京游玩，但吴某最后被骗进了传销组织。吴某落入传销组织后，被反复洗脑，最终精神被控制。其间，吴某不断

用各种理由向家里要钱，且假期结束后迟迟没有返校，家人怀疑他陷入了传销组织，便立即报警。接到报警后，当地公安机关立即展开调查，最终确认吴某陷入了传销组织。随即对吴某进行了解救，并一起捣毁了该传销组织。吴某由于长期被洗脑，其精神状况极差，已无法继续上学。

（资料来源：信阳晚报，有改动）

### （二）传销的类型

传销主要有以下几种类型，大学生在日常生活中应加以辨别。

**1．商品销售类传销**

商品销售类传销是指以“卖商品”“开加盟店”等名义进行的传销。在此类传销中，传销组织所销售的商品大多具有价格与价值严重不符的特征。

**2．项目投资类传销**

项目投资类传销是指打着响应国家政策号召的旗号，以“投资项目”“资本运作”等名义进行的传销。

**3．爱心互助类传销**

爱心互助类传销（见图 6-5）是指以“慈善资助”“爱心互助”等名义进行的传销，传销人员往往会以“奉献爱心”为幌子，欺骗无辜、善良的群众。

图 6-5 爱心互助类传销

**4．虚拟货币类传销**

虚拟货币类传销（见图 6-6）是指以虚拟货币投资为噱头，打着“科技创新”“金融创新”的幌子，用电子商务进行包装、掩饰的传销。

图 6-6　虚拟货币类传销

### 5．消费返利类传销

一些传销组织会以“消费返利”为诱饵骗取消费者的钱财，但实际并不会予以返利，欺骗消费者成为他们的“会员”后，还会令其发展更多的“会员”，以此牟利，如图 6-7 所示。

图 6-7　消费返利类传销

### 6．网络游戏类传销

玩网游是很多人都喜欢的娱乐方式，但是一旦有人将其和互联网金融、游戏理财等结合在一起，并称可以“边玩边致富”时，这很可能就是一个骗钱的陷阱。这类传销的特点是加入门槛低、发展下线快，游戏玩家通过扫描二维码即可加入，然后传销人员会引导游戏玩家在游戏中消费，并从中抽取佣金。

### （三）传销的特点

“项目投资”“爱心互助”“虚拟货币”“消费返利”……传销人员不管打着什么旗号、带着什么面具，其传销的套路都是不变的，那就是“入盟费”“发展下线”“团队计酬”。大学生只要始终牢记这三点，提高警惕，就能迅速鉴别。

#### 1. 入盟费

传销组织者一般会通过各种手段发展人员，要求被发展人员直接交纳费用或以认购商品（此商品的价格往往高于市面上同类商品的价格）等方式变相交纳费用，以获得发展其他人员加入的资格。

#### 2. 发展下线

传销基本上不以销售商品为最终目的，而是以发展下线、骗取钱财为最终目的。传销人员发展下线时，多以亲朋好友为目标，如图 6-8 所示。

图 6-8 以亲朋好友为目标发展下线

#### 3. 团队计酬

从计酬方式来看，传销组织者多以被发展人员发展下线的数量为依据计算和给付报酬，即团队计酬。在团队计酬的规则下，只有被发展人员将自己的团队发展到一定数量和层级，才能获得巨大的利益。

### （四）误入传销组织的应对

大学生误入传销组织后，可采取以下应对措施。

#### 1. 克服恐惧心理，保持冷静

误入传销组织后，应尽量克服恐慌心理，保持冷静，避免做出过激行为（如跳楼、持刀伤人等），以免使自己陷入更加危险的境地。只有沉着冷静，才能与传销组织斗智斗勇、巧妙周旋，最终化险为夷。

### 2．观察环境

认真观察室内环境（如室内布置、门窗位置等）、室外环境（如窗外标志性建筑等），以及传销人员的情况（如人员数量、生活习惯等），为逃脱做好准备。

### 3．保持头脑清醒

洗脑是传销人员控制被发展人员的主要手段之一。被发展人员一旦被洗脑，很可能失去逃脱意识，任凭传销人员驱使。因此，误入传销组织后，应保持头脑清醒，任凭传销人员说得天花乱坠，也不要上当。

### 4．骗取信任，伺机逃离

如果暂时没有求助或逃跑的机会，可以先服从传销人员的安排，骗取他们的信任，等他们放松警惕后再想办法逃跑。

### 5．寻求帮助

被发展人员若随传销人员外出活动，有机会的话就可向路人求助或迅速逃离。如果被控制在室内无法外出，可以找机会写好求救纸条，从窗户扔出去，让捡到纸条的人帮忙报警。

## 案例6 大学生身陷传销组织

小玉是某高校旅游学院的大一学生。寒假第一天，小玉突然接到了初中同窗好友熊某的电话。熊某告诉小玉，她在大同开了一家商店，生意非常好，想让她过来帮自己。小玉心想，利用寒假做兼职，既能赚点零花钱，又能锻炼一下自己，岂不是一举两得，于是便爽快地答应了。当日，小玉就背上行李乘坐火车去了大同。谁知，兼职只是一个幌子，从踏上火车的那一刻起，小玉便卷入了一场传销骗局。

据小玉回忆，她到大同后，熊某便把她接到一间很大的出租房里，房间里有很多与自己年纪相仿的人，她马上意识到了情况不对。小玉落入传销组织后立即被人控制，无论做什么都有人看着，因此她一直无法找到合适的机会报警或逃脱。

无奈之下，小玉只得听从传销人员的指令向家人要钱。她表面上服从传销人员的安排，但实际上一直在寻找逃脱的机会。一天深夜，小玉趁大家熟睡，偷偷找到一部手机，向外界发出了求救短信。也正是这条短信，使小玉脱离了传销的“魔窟”。

（资料来源：杭州网，有改动）

## 二、黄赌毒

绝不触碰黄赌毒

当前社会环境较为复杂，大学生要提高防范意识，拒绝任何人以任何方式诱导、强迫自己从事与黄、赌、毒有关的活动。

### （一）黄

“黄”是指象征色情或淫秽的事物。《中华人民共和国刑法》第三百六十七条规定:“本法所称淫秽物品，是指具体描绘性行为或者露骨宣扬色情的诲淫性的书刊、影片、录像带、录音带、图片及其他淫秽物品。有关人体生理、医学知识的科学著作不是淫秽物品。包含有色情内容的有艺术价值的文学、艺术作品不视为淫秽物品。”我国严厉打击制作、复制、出版、贩卖、传播淫秽物品的行为（见图 6-9）。

图 6-9 打击贩黄传黄行为

**法制专栏**

### 我国法律对涉黄人员的处罚规定

《中华人民共和国治安管理处罚法》第六十八条规定，制作、运输、复制、出售、出租淫秽的书刊、图片、影片、音像制品等淫秽物品或者利用计算机信息网络、电话以及其他通讯工具传播淫秽信息的，处十日以上十五日以下拘留，可以并处三千元以下罚款；情节较轻的，处五日以下拘留或者五百元以下罚款。

《中华人民共和国刑法》第三百六十三条规定，以牟利为目的，制作、复制、出版、贩卖、传播淫秽物品的，处三年以下有期徒刑、拘役或者管制，并处罚金；情节严重的，处三年以上十年以下有期徒刑，并处罚金；情节特别严重的，处十年以上有期徒刑或者无期徒刑，并处罚金或者没收财产。为他人提供书号，出版淫秽书刊的，处三年以下有期徒刑、拘役或者管制，并处或者单处罚金；明知他人用于出版淫秽书刊而提供书号的，依照前款的规定处罚。

《中华人民共和国刑法》第三百六十四条规定，传播淫秽的书刊、影片、音像、图片或者其他淫秽物品，情节严重的，处二年以下有期徒刑、拘役或者管制。组织播放淫秽的电影、录像等音像制品的，处三年以下有期徒刑、拘役或者管制，并处罚金；情节严重的，处三年以上十年以下有期徒刑，并处罚金。制作、复制淫秽的电影、录像等音像制品组织播放的，依照第二款的规定从重处罚。向不满十八周岁的未成年人传播淫秽物品的，从重处罚。

《中华人民共和国刑法》第三百六十五条规定，组织进行淫秽表演的，处三年以下有期徒刑、拘役或者管制，并处罚金；情节严重的，处三年以上十年以下有期徒刑，并处罚金。

### 1. 色情的危害

色情严重危害大学生的身心健康，具体表现在以下几个方面。

（1）大学生长期沉迷于色情会变得萎靡不振、浑浑噩噩，学习时无法集中注意力，从而荒废学业。

（2）色情信息宣扬的是各种畸形的性行为，大学生长期接触这些信息会形成错误的世界观，产生畸形心理。一些自制力较差、意志薄弱的大学生被色情信息洗脑后，甚至会掉入性犯罪的深渊。

（3）一些犯罪分子会诱骗大学生提供各种有偿性服务，严重威胁大学生的人身安全。此外，少数大学生因嫖娼而感染疾病，最终亲手葬送了自己的未来。

### 案例7 模仿色情电影引发的犯罪

某高校大学生张某在网上浏览信息时，无意间发现了一个色情网站，于是偷偷从该网站上下载了几部色情电影观看。之后，张某越看越上瘾，竟然萌发了模仿色情电影中的情节的想法。很快，他便盯上了同系的女同学宋某，没多久就和宋某拉近了距离。

一天，张某约宋某到公园游玩。两人到公园后，张某带着宋某走向了公园深处。在一个树丛茂密的地方，张某突然露出了凶相，在宋某不愿意的情况下对她做出了性侵犯的行为。之后，宋某在母亲的陪同下到公安机关报案。张某很快便被抓获，等待他的将是法律的严惩。

（资料来源：豆丁网，有改动）

### 2．预防色情危害

大学生可从以下几个方面预防色情危害。

（1）正确看待性。多数人在青春期都会对性产生强烈的好奇与冲动，这是正常的，无须刻意逃避或感到羞愧。大学生可以参加学校组织的性知识讲座，阅读性知识科普书籍，学会正确与异性相处，如图 6-10 所示。

图 6-10　正确与异性相处

（2）正确使用网络，不观看色情视频、色情图片等。

（3）培养健康的兴趣爱好。健康的兴趣爱好有益于大学生的身心，可帮助大学生形成正确的世界观，从而远离色情的侵蚀。

### （二）赌

“赌”即赌博，是指以钱财作为赌注比输赢。赌博的形式多种多样，目前常见的有打麻将、打扑克（包括炸金花、梭哈等）、掷骰子、轮盘赌等。不少人认为赌博只是一种娱乐活动，输或赢一点儿小钱无伤大雅，但实际上赌博的危害极大。

#### 提示

梭哈：以五张牌的排列组合、点数和花色大小决定胜负。游戏开始时，会先给每名玩家派发一张底牌，此牌为暗牌；当派发完第二张牌后，由牌面大者决定下注额，其他人有权选择“跟注”“加注”或“放弃”。当五张牌派发完毕后，各玩家翻开所有底牌来比较，牌面最大的人可赢得筹码。

法制专栏

## 我国法律对赌博人员的处罚规定

《中华人民共和国治安管理处罚法》第七十条规定，以营利为目的，为赌博提供条件的，或者参与赌博赌资较大的，处五日以下拘留或者五百元以下罚款；情节严重的，处十日以上十五日以下拘留，并处五百元以上三千元以下罚款。

《中华人民共和国刑法》第三百零三条规定，以营利为目的，聚众赌博或者以赌博为业的，处三年以下有期徒刑、拘役或者管制，并处罚金。开设赌场的，处五年以下有期徒刑、拘役或者管制，并处罚金；情节严重的，处五年以上十年以下有期徒刑，并处罚金。组织中华人民共和国公民参与国（境）外赌博，数额巨大或者有其他严重情节的，依照前款的规定处罚。

### 1. 赌博的危害

赌博的危害主要表现在以下几个方面。

（1）使大学生荒废学业。赌博有一定的成瘾性，自制力较差的大学生一旦陷入赌博泥潭，就会难以自拔。大学生在赌博前期获得一些蝇头小利后，容易产生“赌博致富”的想法，从而不思进取、荒废学业（见图 6-11）。

图 6-11　赌博荒废学业

（2）败坏校园风气。大学生赌博会给校园带来不劳而获、好逸恶劳、侥幸投机的不良风气，影响校园氛围。

（3）危害大学生的身心健康。赌博过程中，参赌者的精神往往处于极度紧张的

状态，长期如此，即便身体状况良好的人也会出现健康问题。倘若参赌者经常熬夜赌博，饮食不规律，就容易得消化系统疾病和心脑血管疾病。

（4）破坏人际关系。参赌者如果没有赌资，通常会向亲朋好友借钱，但借到钱后往往难以偿还，从而影响其与亲朋好友之间的关系。

（5）诱发犯罪。大学生经济条件有限，一旦沾染赌博恶习，很可能债台高筑。为了筹赌资、还赌债，部分大学生可能会铤而走险，实施诈骗、盗窃、抢劫等违法犯罪活动，从而走上不归路，如图 6-12 所示。此外，赌博本身也是一种违法活动，参赌者一旦被抓，将会受到法律的严惩。

图 6-12　赌博诱发犯罪

## 案例 8　沉迷微信赌博，两个月输掉四万元

某高校大一学生郑某，入学时经高中同学介绍加入了一个微信赌博群。进群的第一天，郑某先抱着试一试的心态投入了 20 元，第一把就赢了 80 元。郑某非常开心，于是开始加大筹码，每把投入上百元，没几天就赢了 1 万多元。他第一次觉得赚钱如此容易。之后，郑某越玩越大，由几十元一把到几百元一把，最后升级为几千元一把，但是赢钱的次数越来越少，慢慢地开始只输不赢了。可是越输就越想回本，短短两个月，郑某就输掉了通过网络贷款借来的 4 万元。他不敢告诉在外辛苦打工赚钱的父亲，内心深感痛苦。最终，在同学的劝说和帮助下，郑某迷途知返，才没有酿成更大的错误。

（资料来源：人民日报网，有改动）

### 案例9 沉迷网络赌球，大学生被学校勒令退学

某高校大二学生小彬陆续通过网贷平台借款约 30 万元，用于网络赌球。“我平日经常踢足球、打篮球，对各种球赛的比赛结果猜得比较准”，出于这种心理，小彬经常在赌球网站上投注。刚开始赌球时，小彬经常中奖，这给了他信心，于是他越赌越大。但是越往后，小彬中奖的次数越少，并且每次总是差一点儿中奖。当长时间不中奖时，小彬又会突然中一次奖，这让他欣喜不已。久而久之，小彬便形成了“下一次一定能中”的心理。其实，赌球网站正是抓准了人们的这种侥幸心理，才牢牢套住了参赌者。

沉迷于赌球的小彬不仅天天逃课，荒废了学业，还欠下了巨额赌债，被学校勒令退学。小彬十分自责，悔不当初。

（资料来源：新浪网，有改动）

#### 2. 戒赌的方法

赌博是一种习惯性行为，一旦沾染，想要戒掉并不容易。但这并不是说陷入赌博漩涡后就无可救药，只要方法得当，一定可以戒掉赌瘾。

（1）远离赌场和赌博的人。一旦决定戒赌，就要避免进出任何赌博场所，避免与有赌博习惯的人来往（见图 6-13），防止赌瘾复发。

图 6-13　避免与有赌博习惯的人来往

（2）及时寻求帮助。可以向信赖的人倾诉自己的感受，并请求他们监督自己戒赌；也可以寻求专业人员的帮助，用专业的方法科学戒赌。

（3）转移注意力。通过参加有益的集体活动、户外运动或其他休闲活动，转移对赌博的注意力，打消赌博的念头。

（4）进行自我反省。找出赌博的缘由，进行深刻的自我反省，并时刻提醒自己赌博的危害，告诉自己不能再沾染赌博。

（5）制订学习目标。制订明确的学习目标，并通过奖惩机制进行自我加压，把所有的精力都放在学习上，逼迫自己戒掉赌瘾。

### （三）毒

“毒”即毒品，是指鸦片、吗啡、海洛因、冰毒、大麻、可卡因，以及国家规定管制的其他能够使人形成瘾癖的麻醉药品和精神药品等。

#### 1．常见毒品品种

（1）鸦片。鸦片是指罂粟果内乳状汁液干燥后的制品，主要成分为吗啡。鸦片具有镇痛、止咳、止泻的功效，但易使人成瘾，长期吸食鸦片会导致人体各器官功能衰退，免疫力丧失。

（2）吗啡。吗啡是从鸦片中提炼出来的，因纯度不同，颜色呈白色、浅黄色或棕色，味酸。吗啡具有镇痛和催眠作用，在医学上用于制作麻醉性镇痛药，但易使人成瘾。长期滥用吗啡会严重危害身心健康，导致精神不振、消沉、思维和记忆力衰退，并可引起精神失常等。

（3）海洛因。海洛因由吗啡制备而成，但成瘾性比吗啡更大，医学上用于促进睡眠和减轻病痛，是全球控制的毒品。海洛因对人体的作用机制尚未完全明确，迄今并无任何有效的戒除方式，其复吸比例极高。

（4）冰毒。冰毒的主要成分为甲基苯丙胺，因其纯品为透明状结晶体，外观似冰，故称冰毒。冰毒具有见效快、药效持续时间长、一次吸食即可成瘾的特点，对中枢神经有极强的刺激作用，吸毒者一旦断药，会出现流涕、出汗、震颤、呕吐、腹泻等症状。

（5）大麻。大麻属于大麻植物提取物，成分非常复杂，是人类较早使用的毒品之一。长期吸食大麻会产生人格障碍、人格解体，并出现记忆力衰退、迟钝、抑郁、头痛、心悸和痴呆等症状，偶有无故的攻击性行为，严重者还会做出一些违法犯罪的事情。

**提示**

> 人格解体是一种感知觉综合障碍，特征为自我关注增强，但感到自我的全部或部分似乎是不真实、遥远或虚假的。

（6）可卡因。可卡因是从植物叶片中提炼出来的生物碱，其化学名称为苯甲基芽子碱。它是一种无味、白色薄片状的结晶体。可卡因对中枢神经系统有极高的毒性，可刺激大脑皮层，产生兴奋感及视、听、触等幻觉；服用后在极短时间内即可成瘾，并伴有失眠、食欲不振、恶心及消化系统紊乱等症状；长期服用会使精神逐渐衰退，甚至导致呼吸衰竭而死亡。

（7）摇头丸。摇头丸是一种人工合成毒品，有较强的兴奋作用。吸毒者食用摇头丸后易出现幻觉，在没有音乐的时候，头会轻微地晃动，一旦有音乐刺激，吸毒者就会跟着音乐不由自主地摇头晃脑、手舞足蹈。

（8）K粉。K粉化学名为氯胺酮。它为白色粉末，具有安眠、镇痛的作用，长期或过量吸入会对心、肺等造成永久损害，对中枢神经的损害甚于冰毒。

知识链接

### 国际组织对毒品的分类

联合国麻醉药品委员会将毒品分为6大类：① 吗啡型药物，包括鸦片、吗啡、海洛因和罂粟植物等，是最危险的毒品；② 可卡因和可卡叶；③ 大麻；④ 安非他明等人工合成兴奋剂；⑤ 安眠镇静剂；⑥ 精神药物，即安定类药物。

世界卫生组织将毒品分为8大类：吗啡类、巴比妥类、酒精类、可卡因类、印度大麻类、苯丙胺类、柯特类和致幻剂类。

### 2. 毒品的危害

毒品的危害主要体现在以下几个方面。

（1）严重危害人体健康。长期使用毒品，不仅会导致免疫功能下降、消化系统紊乱等，还会导致精神障碍和心理变态，如图6-14所示。

图6-14 吸毒危害人体健康

（2）产生戒断反应。戒断反应是指在突然中止用药或减少用药剂量后出现的特殊生理和心理表现。毒瘾发作时，吸毒者通常会头晕、耳鸣、流鼻涕、呕吐、腹泻、浑身震颤、大小便失禁。

（3）感染疾病。静脉注射毒品极易使吸毒者感染其他疾病，如结核病、肝炎等。此外，部分吸毒者共用吸毒器具，使得艾滋病等疾病在这些吸毒者中间广泛传播。

（4）诱发违法犯罪。吸毒者需要大量资金用于购买毒品，当资金不够时，吸毒者往往通过偷、抢、骗，甚至杀人劫财的方式来获取资金。

### 案例10 吸毒葬送光明前途，戒毒所里他追悔莫及

杜某是某高校的研究生。一天，他在和朋友聚会时吸食了一个玻璃容器中腾出的白色烟雾。虽然杜某知道这种白色烟雾是毒品，但吸食后的兴奋感使他欲罢不能。从那之后，杜某开始频繁吸毒。慢慢地，杜某的脾气变得暴躁，行为也变得怪诞。

一年后的一天，杜某与朋友在酒店吸毒时被警方抓获，随后他被送往戒毒所。在戒毒所中，杜某被检测出得了艾滋病。原本光明的前途因吸毒而葬送，这让杜某追悔莫及。

（资料来源：中国青年网，有改动）

### 案例11 从吸毒到贩毒，她亲手毁掉了自己的大好前程

某高校学生张某，因吸毒而贩毒，于某年 3 月 2 日在家中被警方抓获。经审讯，张某交代，去年暑假，她因好奇跟着男友第一次吸食了毒品，同年 12 月再次吸毒后便上瘾。由于自己还是学生，没钱购买毒品，张某便在男友的怂恿下，走上了贩毒之路。警方表示，虽然张某所贩毒品数量少，但已经触犯了法律，将会被判刑。这对一名大学生来说，代价十分惨重。

（资料来源：中国青年网，有改动）

### 课后互动

以小组为单位，就以下问题进行交流、讨论。

★ 说说传销组织的常用手段。

★ 大学生应如何防止被骗入非法传销组织？

★ 结合实际生活，谈谈应如何避免色情诱惑。

★ 结合实际生活，谈谈毒品的危害。

# 第三节　身体健康

身体健康是大学生正常学习和生活的前提。在校期间，大学生难免会遇到一些突发疾病或公共卫生事件，如流行性感冒（以下简称流感）、病毒性肝炎、肺结核、急性肠胃炎、食物中毒等。若处理不当，不但会影响大学生的身体健康，还会给大学生的学习、生活带来不便。

### 案例12　误食野果，50余名学生集体中毒

某年4月6日，某小学出现群体性食物中毒现象，50余名学生被紧急送往当地医院接受治疗。当日下午两点多，该校老师发现一些学生在课堂上呕吐，遂查问缘由。原来，这些学生均吃了从校外捡来的一种名为“麻风果”的野果。

食物中毒事故在生活中时有发生，尤其是在集中供餐的学校更易发生。本案例中的学生因食用了来历不明的野果而导致食物中毒，可见学生的安全意识不够强，学校应加强对学生的安全教育，告诫他们不要轻易食用不熟悉的野果。

（资料来源：中新网，有改动）

## 一、大学生常见的传染病及预防

大学生若有传染病，轻者会影响大学生正常的学习和生活，重者可留后遗症甚至导致死亡。因此，大学生要充分了解各类传染病的传播、症状等知识，并掌握相应的预防措施。

传染病是由病毒、细菌、衣原体等病原体引起的。传染病流行过程有三个基本环节：① 传染源，包括病人、病原携带者、受染动物；② 传播途径，如通过空气、水、饮食、接触、虫媒等介质传播；③ 易感人群，是指免疫水平较低者。传染病的预防是针对传染病流行过程的三个基本环节进行的，即控制传染源、切断传播途径、保护易感人群。

### （一）流感的预防

流感是由流感病毒引起的。它主要通过飞沫传播，多发于冬春季节。它起病急，传染性强，传播迅速，易造成大规模的流行，有高热、头痛、全身酸痛、咽痛等症

状，一般在发病三、四天后逐渐好转，严重者可并发肺炎、支气管炎、充血性心力衰竭、肠胃炎等，甚至引起死亡，后果十分严重。

保持良好的个人卫生及环境卫生是预防流感的有效途径。此外，若寝室有流感患者，则应每日开窗，保持空气流通。在流感期间，应减少大型集会和集体活动，教室内也应注意保持空气流通和卫生清洁。

### （二）狂犬病的预防

狂犬病是由狂犬病病毒引起的急性传染病。它主要因被携带狂犬病毒的动物（如狗、猫等）咬伤而传染。患者怕风，因喉头痉挛而不敢饮水，神经极度兴奋可致狂暴和意识丧失，最后因窒息或呼吸循环衰竭而死。

狂犬病的预防要点如下。

（1）路上遇到凶狠的猫或狗时，应绕开走。

（2）不要随便逗陌生的猫、狗等动物。

（3）被动物咬伤后，除须紧急处理伤口外，还应及时注射狂犬病疫苗和高效价抗狂犬病血清。

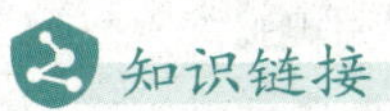

#### 被动物咬伤的急救措施

被猫、狗等动物抓伤或咬伤，应立即采取急救措施，具体方法如下。

（1）洗。被咬的伤口须立即用肥皂水反复清洗 20 分钟左右，然后再用清水将含病毒的唾液、血水冲掉。

（2）消毒。用 75%的酒精或碘酒擦拭伤口内外。涂擦完毕后，不必包扎伤口。

（3）及时到医院进行处理，尽快注射狂犬疫苗或高效价抗狂犬病血清。需要注意的是，无论狗、猫是否患病，被咬伤者都要及时注射狂犬疫苗或高效价抗狂犬病血清。

### （三）细菌性痢疾的预防

细菌性痢疾是由痢疾杆菌引起的，主要通过粪-口传染。水体极易受到传染源粪便的污染，污染的水体很容易污染经其冲洗的食物（如瓜果等），食用了这些食物的易感人群就会被传染。此外，携带病原体的苍蝇、蟑螂污染食物，被人食用后也会引起细菌性痢疾。细菌性痢疾的临床表现为发热、腹痛、腹泻、里急后重（下腹部不适很想大便，但又无法一泄为快）、黏液脓血便等，严重者可引发感染性休克或中毒性脑病。

细菌性痢疾的预防要点如下。

（1）注意环境卫生，如厕后应冲洗干净，并及时消灭室内苍蝇、蟑螂。

（2）注意个人卫生，养成饭前便后洗手的习惯。

（3）注意饮食卫生，生吃的瓜果要冲洗干净，尽量削皮食用，不喝生水，不吃腐烂不洁的食物。

（4）口服大蒜、黄连有一定的预防作用。

### （四）肺结核的预防

肺结核曾被称为“痨病”“白色瘟疫”，是由结核分枝杆菌引发的肺部感染性疾病，通过呼吸道传播，是最常见的一种结核病。肺结核的传染源主要是排菌的肺结核患者。肺结核的症状因病期、类型和病变范围的不同而异，患者通常有倦怠、潮热、消瘦、咳嗽、咳血等症状。

肺结核的预防要点如下。

（1）避免接触患者。

（2）不随地吐痰，打喷嚏时要用手或手帕掩盖，及时清洗双手或手帕。

（3）接种卡介苗。卡介苗是由一种减毒的牛型结核杆菌变种制成的活菌苗，接种于人体后可使非肺结核患者获得特异性免疫力。

### （五）病毒性肝炎的预防

病毒性肝炎是由多种肝炎病毒引起的传染病，具有传染性强、传播途径复杂、流行面广、发病率高等特点。已公认的肝炎病毒有甲型、乙型、丙型、丁型、戊型5种，分别引起甲型肝炎（以下简称甲肝）、乙型肝炎（以下简称乙肝）、丙型肝炎、丁型肝炎、戊型肝炎。其中，甲肝和乙肝较为常见。病毒性肝炎的临床表现基本相似，主要有乏力、食欲减退、恶心、呕吐、肝肿大、肝功能损害，部分患者有黄疸与发热症状。

#### 1. 甲肝的预防

甲肝主要通过粪-口传染。粪便中排出的病毒通过污染的手、水和食物等经口感染，以日常生活接触为主要传播方式。甲肝患者自潜伏末期至发病后10天传染性最强，出黄疸20天后才开始无传染性。

甲肝的预防要点如下。

（1）加强饮食卫生、饮水卫生，不食用易受污染的食物和水。

（2）公共聚餐时，要采用分食制或使用公筷、公勺。

（3）急性发病时需要住院治疗或在家中隔离至少 30 天。与病人接触后 7～14 天内可注射丙种球蛋白或接种甲肝疫苗进行预防。

### 2．乙肝的预防

乙肝传染源为乙肝患者和乙肝病毒携带者。乙肝的传播途径：使用污染的注射器；性接触传播（如果皮肤没有破损则不会传染）；等等。此外，吸血昆虫（如蚊、臭虫、虱等）叮咬也可传播乙肝。乙肝不通过消化道和呼吸道传播，因此日常接触（如握手、拥抱、一起吃饭等）一般不会传播乙肝。

乙肝的预防要点如下。

（1）注意养成饭前、便后洗手的习惯。

（2）不去卫生状况较差的美容美发店及游泳馆。

（3）不要与乙肝患者共用餐具、洗漱用具等。

（4）严禁与他人共用注射器。

（5）定期注射或接种乙肝疫苗。

### 创新强国

#### 我国科学家获全球乙肝研究最高奖

北京生命科学研究所资深研究员、清华大学生物医学交叉研究院教授李文辉，凭借其在推动乙肝科研和治疗方面做出的杰出贡献，于 2020 年 11 月 12 日荣获全球乙肝研究和治疗领域最高奖——巴鲁克·布隆伯格奖。

乙肝是威胁人类健康的重要疾病，全球约有 20 亿人曾感染乙肝。目前，全球仍有超过 2.4 亿慢性乙肝患者，中国约有 8 000 万人感染乙肝病毒，每年约 30 万人死于慢性乙肝相关疾病。由于现有药物不能根治乙肝，病人必须终身服药。

乙肝病毒和丁肝病毒必须先与肝脏细胞表面的受体分子结合，才能进入到宿主细胞内。因此，找到病毒的受体，对于深入了解乙肝的感染机制、建立更好的体外和动物研究模型，以及研发出有效的新药，都至关重要。

然而寻找乙肝病毒的受体绝非易事。自巴鲁克·布隆伯格在上世纪 70 年代发现乙肝病毒后，全球的科学家就一直在寻找乙肝病毒感染人类肝脏的“金钥匙”。但是，40 多年过去了，科学家们仍一无所获。

经过艰苦卓绝的努力，李文辉团队于 2012 年 11 月终于找到了乙肝病毒和丁肝病毒入侵人体细胞的共同受体——牛磺胆酸钠共转运蛋白（sodium taurocholate cotransporting polypeptide，NTCP）。乙肝病毒受体的发现，为乙肝研究开启了一扇新的大门。国际知名的乙肝研究机构和制药公司，都在采用李文辉团队创建的研发技术体系开展后续研究和药物开发，乙肝治疗在未来也很可能进入全新的阶段。

（资料来源：人民网，有改动）

### （六）性传播疾病的预防

性传播疾病是指通过性接触、类似性行为及间接接触传播为主要传播途径的疾病。根据《性病防治管理办法》规定，性传播疾病包括《中华人民共和国传染病防治法》规定的乙类传染病中的梅毒和淋病，我国重点防治的生殖道沙眼衣原体感染、尖锐湿疣、生殖器疱疹以及卫生部根据疾病危害程度、流行情况等因素，确定需要管理的其他性传播疾病等。

性传播疾病的预防要点如下。

（1）养成良好的个人卫生习惯，不使用他人的毛巾、盆、剃刀等；在公共场所（如饭店、游泳馆等）增强自我保护意识；不吸毒，不轻易使用进口的血液制品；等等。

（2）避免与患者或可疑带菌者发生性接触，自觉抵制各种婚外性关系和不正当的性行为，做到自尊、自爱。

### （七）水痘的预防

水痘是由水痘带状疱疹病毒初次感染引起的急性传染病，其传染率高，传染力强，可通过接触或飞沫传染。水痘一年四季均可发病，多见于冬春季节。

水痘初期症状较轻，可出现发热、头痛、全身不适、厌食及上呼吸道症状。发热 1～2 天后，红色斑疹或斑丘疹分批出现，且迅速发展为清亮、卵圆形、泪滴状小水疱，周围有红晕，无脐眼，水疱内容物经 24 小时变浑浊，易破溃；疱疹持续 3～4 天，然后从中心开始干缩，迅速结痂；在疾病高峰期可见到丘疹、新旧水疱和结痂同时存在。

水痘的预防要点如下。

（1）注意个人卫生，勤洗手，接触病人或疑似病例应戴手套和口罩。

（2）饮食清淡，多喝开水，早睡早起，适量锻炼身体，增强体魄，但应避免过于疲劳。

（3）流行季节可对生活用品、被褥、毛巾、餐具等进行消毒。

（4）流行季节可服用板蓝根预防，每天 3 次，每次 1 包，连服 5 天。

（5）对水痘易感人群应及时接种水痘疫苗。

### （八）流行性腮腺炎的预防

流行性腮腺炎又称抱耳风，是腮腺炎病毒引起的急性呼吸道传染病，通过直接接触、飞沫、唾液传播。易感人群多为儿童或青少年。其临床表现为发热、畏寒、咽痛和腮腺肿痛。流行性腮腺炎会引起各类并发症，如脑膜炎、睾丸炎、卵巢炎、胰腺炎等。

若大学生感染流行性腮腺炎而不及时治疗，则会造成神经、生殖、消化等系统损害，严重者可危及生命。

流行性腮腺炎的预防要点如下。

（1）接种流行性腮腺炎疫苗。

（2）在疾病流行期间，少到人群拥挤的公共场所，出门时戴口罩。

（3）养成良好的生活习惯，勤洗手、勤通风、勤晒衣被。

（4）积极锻炼身体，多饮水。

（5）疑似流行性腮腺炎，有发热或上呼吸道症状时，应及时就诊。确诊后必须立即隔离，避免传染给其他大学生。

### （九）急性结膜炎的预防

急性结膜炎又称红眼病或暴发火眼，是一种急性传染性眼炎。根据不同的致病原因，急性结膜炎可分为细菌性结膜炎和病毒性结膜炎两种。其临床症状相似，但流行程度和危害性以病毒性结膜炎为重。本病全年均可发生，以春夏季节多见。急性结膜炎主要通过接触传染，最常见为眼—手—眼的传播，如接触患者用过的毛巾、游泳池的水、公共用具等。

急性结膜炎多是双眼先后发病，患病早期，病人感到双眼发烫、烧灼、畏光、眼红，自觉眼睛磨痛，像进入沙子般地疼痛难忍，紧接着眼皮红肿、眼眵多、怕光、流泪，早晨起床时，眼皮常被分泌物黏住，不易睁开。

急性结膜炎的预防要点如下。

（1）注意用手卫生，养成勤剪指甲、勤洗手的好习惯，不要用脏手揉眼睛。

（2）经常使用公共电脑的大学生，在使用过程中切勿揉眼，使用后应清洗双手。

（3）疾病流行高峰期间应暂停游泳，确要游泳时最好佩戴游泳镜，以减少池水与眼睛的接触，防止细菌和病毒感染。

（4）避免过度疲劳和伤风感冒，饮食以清淡为宜，少吃油炸、辛辣食物。

### （十）艾滋病的预防

防艾不恐艾

艾滋病即获得性免疫缺陷综合征，因感染人类免疫缺陷病毒（又称艾滋病病毒，HIV）而导致免疫缺陷，并引发一系列感染及肿瘤，严重者可导致死亡。HIV 是一种能攻击人体免疫系统的病毒。

艾滋病是一种人畜共患疾病。HIV 在人体内的平均潜伏期为 6～10 年，在发展成艾滋病以前，患者外表看上去正常，他们可以没有任何症状地生活和工作。

艾滋病患者以青壮年居多，即性生活较活跃者。其临床表现多种多样，一般初期症状类似流感，患者全身疲劳无力、食欲减退、发热、体重减轻；随着病情的加重，症状日见增多，如皮肤、黏膜出现疱疹、紫斑、血肿、血疱、滞血斑，皮肤容易损伤，伤后出血不止等；HIV 侵犯至内脏器官后，不断出现原因不明的持续性发热，可长达 3～4 个月，还伴有咳嗽、气短、持续性腹泻、便血、呼吸困难等症状。由于症状复杂多变，每个患者并非全都出现上述症状，一般以一两种症状为主。

艾滋病有三大传播途径，即性接触传播、血液传播和母婴传播。为有效避免感染艾滋病，大学生应做到以下几点。

（1）洁身自爱，避免婚前性行为。

（2）不到消毒条件差的诊所、医院打针、拔牙或进行手术。

（3）输液时要确保输液针头是一次性的。

（4）献血必须找正规的献血单位，否则卫生条件不达标，很容易感染 HIV。献血前，应确保抽血针头是一次性的。

（5）远离毒品，不以任何方式吸毒。

（6）不与他人共用牙刷、剃须刀等生活用品；尽量避免接触他人体液、血液。

（7）不随便到消毒不严密的美容院穿耳、文眉、文身。

## 二、大学生常见的疾病及预防

### （一）支气管哮喘的预防

支气管哮喘是一种常见病、多发病，主要症状是反复发作喘息、气促、胸闷，

并伴有咳嗽，肺部可闻及哮鸣音，多在夜间或清晨发作、加剧。支气管哮喘的发病原因：① 感染病毒、细菌；② 吸入过冷空气、粉尘、刺激性气体等；③ 接触过敏原（如花粉、动物皮毛等）。

支气管哮喘的预防要点如下。

（1）注意环境卫生，避免吸入粉尘。

（2）加强体育锻炼，增强抗病能力。

（3）防止受凉，尤其要注意胸部保暖。

（4）避免接触过敏原。

（5）保持心态平和、心情愉悦。

### （二）急性胃肠炎的预防

急性胃肠炎是一种十分常见的急性胃肠道疾病，多发于夏秋季节，主要症状是呕吐、腹痛、腹泻、便血等。急性胃肠炎的发病原因：① 进食过冷、过热或粗糙的食物，划破胃黏膜；② 吃一些刺激胃黏膜的药物（如阿司匹林等），或者喝烈酒、浓茶、浓咖啡等；③ 进食含有细菌或毒素的变质、腐败、受污染的食物；④ 精神紧张或发生过敏反应。

急性胃肠炎的预防要点如下。

（1）少吃辛辣、粗糙的食物，少服对胃黏膜有刺激作用的药物。

（2）规律饮食，不暴饮暴食，以免增加肠胃负担。

（3）注意饮食卫生，如饭前洗手，不吃流动摊点上的食物等。

（4）避免精神紧张，保持心情愉悦。

知识链接

#### 慢性胃炎

慢性胃炎是指由不同病因引起的非特异性慢性胃黏膜炎症改变，是一种常见病，其发病率在各种胃病中居首位。小部分慢性胃炎可转为慢性萎缩性胃炎，严重者可发展为胃癌。慢性胃炎的预防要点如下。

（1）选择易消化、无刺激性的食物。

（2）忌烟酒、浓茶、咖啡。

（3）进食时宜细嚼慢咽。

慢性胃炎患者以药物治疗为主，该病无特效疗法，发病后可服中药冲剂及其他保护胃黏膜的药物。

### （三）消化性溃疡的预防

消化性溃疡是指胃及十二指肠部位发生的急性或慢性溃疡。十二指肠是连接胃的一段小肠，长20～25厘米。

因精神紧张、生活起居和饮食不规律、食物不洁、过度劳累、长期抽烟酗酒、神经功能失调等而导致胃和十二指肠的抵抗力降低，加之胃分泌的胃酸及消化酶过多，侵蚀了胃和十二指肠的表面，从而造成消化性溃疡。

消化性溃疡的临床表现有腹痛、反酸和泛口水、食欲增加、贫血等。多数消化性溃疡可以根治，不会引起并发症；但某些患者可发生致命的并发症，如穿透性溃疡、溃疡穿孔、出血和梗阻等。

消化性溃疡的预防要点如下。

（1）避免精神紧张。消化性溃疡是一种典型的身心疾病，心理因素对其影响很大。因此，善于自我排解忧愁、劳逸结合、保持轻松愉快的心境，是预防消化性溃疡的关键。

（2）注意饮食。一日三餐定时定量、饥饱适中、细嚼慢咽。

（3）忌吸烟与酗酒。

（4）保持生活规律，根据气候变化及时增减衣物。

（5）避免服用对胃黏膜有刺激的药物，如果因疾病需要非得服用，则应向医生说明，改用他药，或者将药物放在饭后服用，以减少对胃黏膜的刺激。

### （四）贫血的预防

贫血是指单位容积血液中血红蛋白含量、红细胞值和血球比积低于同地区、同年龄、同性别健康人正常参考值，是由多种病因、不同发病机制引起的一种病理状态。在贫血的大学生中，女生明显多于男生。通常，女生贫血的原因包括需铁量供不应求、月经失血过多、盲目减肥、生活无规律、长期剧烈运动、慢性腹泻及肠道功能紊乱等。

贫血的临床表现为疲乏、困倦、软弱无力、皮肤苍白等，严重者可出现低热；气急或呼吸困难，多由呼吸中枢低氧或高碳酸血症所致；食欲减退、腹部胀气、恶心、便秘；活动后心悸、气短，严重者可有心绞痛、心力衰竭等症状；头晕、头痛、耳鸣、眼花、注意力不集中、嗜睡等，严重者可出现昏厥；月经失调，如闭经或月经过多（仅适用于女性）；严重贫血者可有轻度蛋白尿，夜尿增多；皮肤干燥、毛发枯干、创口愈合较慢等。

贫血的预防要点如下。

（1）饮食营养要合理，食物必须多样化，不应偏食，以免因缺乏某种营养素而引起贫血。

（2）饮食应有规律、有节制，严禁暴饮暴食。

（3）多吃含铁丰富的食物，如猪肝、猪血、瘦肉、奶制品、豆类、绿叶蔬菜等。

（4）劳逸结合，进行适当的体育活动。

### （五）过敏的预防

过敏是身体对应该无害的外来物质（过敏原）反应过度的结果。这种过敏性反应会导致一些身体问题，而这些问题通常是不会发生在正常人身上的。在日常生活中，大学生可从以下几个方面预防过敏。

（1）去正规医院检查，找到自己的过敏原。

（2）避免接触过敏原。例如，尘螨过敏者要经常清洗床上用品，烘干暴晒；霉菌过敏者要注意多开窗通风，及时清理发霉的书籍和食物；晴天刮风时，花粉过敏者要少出门，避免剧烈运动；宠物过敏者最好避免宠物进入卧室；对某种食物过敏者要找到致敏食物，避免食用。

（3）坚持适度锻炼，增强体质。

## 三、中暑

中暑是指在高温、高湿和通风不良的环境下，人体体内产生的热能不能适当地向外散发，积聚而发生高热的病症。

### （一）中暑的症状

（1）中暑前兆：出现口渴、食欲不振、头痛、头昏、多汗、疲乏、心悸、注意力涣散、动作不协调等症状，体温正常或略升高。

（2）轻度中暑：除中暑前兆的症状外，体温升高到38.5℃以上，同时伴有面色潮红、胸闷、皮肤干热等症状；或者出现早期呼吸循环衰竭症状，如面色苍白、恶心、呕吐、大量出汗、血压下降、脉搏细快等。

（3）重度中暑：除上述症状外，还会出现热痉挛症状，如四肢的肌肉抽筋、抽搐，并且肌肉疼痛；热衰竭症状，如血压下降、脉搏加快，甚至晕厥；热射病症状，如皮肤干燥无汗，体温在40℃以上，意识模糊、惊厥，甚至昏迷。

### （二）中暑的急救方法

（1）应尽快将中暑者移至清凉的地方，用凉的湿毛巾敷于中暑者的前额，用风油精涂抹中暑者的太阳穴，或者用温水擦拭中暑者的身体，还可扇风为中暑者消暑。需要注意的是，不要用酒精擦拭中暑者的身体。

（2）若中暑者情况比较严重，除将其移至清凉处外，还要让其躺下或坐下，并抬高下肢。同时，让其饮用凉开水、淡盐水、绿豆汤等清凉饮品，也可让其服用藿香正气水等药物。若情况仍未好转，则应立即将中暑者送往医院进行治疗。

**提示**

中暑后，忌过量饮水，特别是过量饮用热水，正确的方法是少量、多次饮水；忌过量进食，特别是不能吃油腻、带腥味的食物，应尽量吃一些清淡的食物。

### （三）中暑的预防

（1）盛夏期间，应做好防暑降温工作，如经常开窗，设遮阳窗帘，地面经常洒水等。

（2）合理安排作息时间，不宜在炎热的中午或强烈阳光下过多活动。

（3）穿单薄、浅色、宽松的衣服，以利散热，多饮凉开水、消暑饮料。

（4）出现头痛、心慌等情况时，应立即到阴凉处休息、饮水。

## 四、食物中毒

食物中毒是指健康人摄入正常量“可食状态”的污染食物或有毒食物而引起的以急性感染或中毒为主要临床症状的疾病。

### （一）食物中毒的类型

根据病源的不同，食物中毒可分为细菌性食物中毒、化学性食物中毒、有毒动植物食物中毒、真菌性食物中毒 4 类。

#### 1. 细菌性食物中毒

细菌性食物中毒是指因摄入被细菌或毒素污染的食物而引起的中毒。由于夏季微生物生长繁殖旺盛，加之人们贪凉，常食用未经充分加热的食物，因此夏季是细菌性食物中毒的高发季节。

一般来说，食物被细菌或毒素污染主要有以下几个原因：① 禽畜在被宰杀前就

是病禽、病畜；② 刀具、砧板及用具不洁，生熟食品交叉感染；③ 食物加工场所卫生状况差，蚊蝇滋生；④ 从业人员携带病菌；⑤ 没有按要求低温运输、保存食物；⑥ 未将被污染的食物烧熟、煮透。

#### 2. 化学性食物中毒

化学性食物中毒是指因摄入含有亚硝酸盐、砷化物等化学性有毒物质的食物而引起的中毒。食物被化学性有毒物质污染主要有以下几个原因：① 食物被农药等化学制剂污染；② 食物中添加了禁止使用的添加剂；③ 食物储藏不当，造成营养素腐败、变质。

#### 3. 有毒动植物食物中毒

有毒动植物食物中毒是指误食有毒动植物或因加工、烹调不当未能除去有毒成分的动植物食物而引起的中毒。常见可食用有毒动物包括河豚、海胆等，常见可食用有毒植物包括木薯、四季豆等。

#### 4. 真菌性食物中毒

真菌性食物中毒是指因摄入被某些真菌及其代谢物污染的食物而引起的中毒。食物发生霉变后一般会出现变色、变质、有异味及表面有霉菌等现象。不同真菌的繁殖情况因温度、湿度等不同而存在差异，因此真菌性食物中毒具有地区性和季节性特点。

### （二）食物中毒的症状

食物中毒（见图 6-15）的症状以恶心、呕吐、腹痛、腹泻为主，往往伴有发烧；吐泻严重的，还可出现脱水、酸中毒，甚至休克、昏迷等症状。

图 6-15 食物中毒

### （三）食物中毒的预防与应对

#### 1. 食物中毒的预防

食物中毒是高校较常发生的公共安全事件，对大学生的身体健康具有一定的威胁性。大学生应树立食物安全理念，掌握必要的食物安全知识，做到健康饮食，预防食物中毒事件的发生。

（1）养成良好的卫生习惯，饭前、便后要洗手。

（2）选择新鲜和安全的食物。购买食物时，要注意查看食物是否变质，食物包装袋上是否印有厂名、厂址、生产许可证号等。

（3）注意饮食卫生。生吃蔬菜、水果等食物时，一定要将其洗干净；不要吃隔夜、变味的饭菜；不要食用腐烂、变质的食物或病死的禽肉、畜肉。

（4）妥善处理装有消毒剂、杀虫剂的容器，防止误用消毒剂、杀虫剂而引起中毒。

（5）应选择在校内食堂就餐，尽量少到校外就餐。不在卫生条件较差的路边或个体摊点进餐或购买食品。

#### 2. 食物中毒的应对

发生食物中毒事件时，大学生可采取以下应对措施。

（1）立即停止食用可疑食物。进食过程中若出现腹胀、腹痛、恶心、呕吐等不适症状，首先应立即停止进食，然后拨打 120 急救电话进行求助。

（2）催吐。如果食物中毒发生在进食后的 2 小时内，可采用催吐的方法。如果中毒者行动不便，已无法自行催吐，施救者应使中毒者侧卧，防止中毒者的呕吐物堵塞呼吸道引起窒息，并用手指或筷子刺激中毒者舌根部催吐，直至其呕吐物为较澄清的液体。同时要注意，若呕吐物中出现血丝，施救者应立即停止催吐，避免中毒者消化道损伤。催吐结束后，可以给中毒者喝水，以为其补充水分。

（3）导泻。如果中毒者食物中毒超过 2 小时，并且尚有行动能力，则可使其服用适量泻药，将有毒食物排出体外。

（4）送入医院。如果中毒者意识模糊，失去行动能力，施救者应立即将其送往医院。需要注意的是，发生食物中毒后，施救者应保存好中毒者的呕吐物（或排泄物）和吃过的食物，并将其交给医生用于检测，以方便医生进行诊治。

## 课后互动

以小组为单位，就以下问题进行交流、讨论。

★ 大学生中常见的传染病有哪些？应如何预防？

★ 大学生中常见的疾病有哪些？应如何预防？

★ 如果有同学在体育课上中暑，你会如何处理？

★ 如果你的室友食物中毒，你会如何处理？

笔记

# 第四节　心理健康

随着教育改革的深化和社会竞争的加剧，部分大学生正面临着严重的心理问题，并引发一系列的安全问题，严重影响了他们的正常学习和生活。因此，大学生应时刻关注自己的心理健康状况，学会采用正确的方法预防与应对心理问题。

### 案例13　无法克服的疲倦

某高校大学生李某性格内向，很少与同学交往，他学习认真但成绩不太好。大一下学期开学后不久，李某时常感到身体很多部位疼痛，到医院检查却一切正常。后来，李某逐渐感觉很累，对什么都提不起兴趣；上课的时候注意力无法集中，记忆力也逐渐下降。李某觉得很痛苦，回家对父亲说："我病得很厉害。"但其父亲并未重视，只是告诉他："这些都是小问题，关键是成绩要好。坚持一下就能克服，要有毅力。"

李某回到学校后，努力地按照父亲说的去做，但还是感觉越来越疲倦，身体和心理的双重压力使他几乎无法忍受。后来，李某被诊断患有抑郁症，不得不休学，然后到专业的心理机构进行治疗，经过一段时间治疗后，其症状明显改善了很多。

（资料来源：中国大学生在线网，有改动）

### 案例14　打架引发强迫症

王某是某高校数学系的一名大学生，平时性格内向，与同学交往不多。一次，王某因为一件小事与同寝室的朱某发生了冲突，朱某打了王某。从此，王某总觉得同寝室的人在背后害自己，多次怀疑同学往自己的水杯里吐口水。随后，王某展开了报复，多次将菜汤、脏水洒在几个同学的床上，老师多次批评王某，但王某始终坚持自己是无辜的。后来，学校通知王某的家长，王某被带到医院检查，被诊断患有强迫症，不得不休学治疗。

（资料来源：网易网，有改动）

## 一、大学生常见的心理问题

大学生常见的心理问题包括抑郁症、强迫症、焦虑症、恐惧症、自残等。

### （一）抑郁症

抑郁症是一种常见的心理疾病，患者的主要表现为孤独、自卑、自责、悲伤、绝望等。有的大学生对枯燥的学习不感兴趣，对刻板的生活方式感到厌烦，为社交不顺利而灰心丧气，进而逐渐变得抑郁、悲观。长期抑郁严重危害身体健康，会导致患者失眠、反应迟钝、体力衰退，甚至使患者产生轻生的念头。

大学生患抑郁症的比例较高。一方面，他们接触的新事物、新思想越来越多，价值观很容易受到消极因素的影响；另一方面，他们不了解社会的复杂性，分析和处理问题的能力不足，并且尚不具备良好的心理承受能力，遭遇挫折时很容易产生抑郁情绪。

一般来说，抑郁症与性格有一定的关系。内向且存在自卑心理的人在遭受挫折后很容易完全封闭自我，从而患上抑郁症；多愁善感、好思虑、敏感、依赖性强的人也容易患上抑郁症。

### （二）强迫症

强迫症是一种常见的神经症，患者明知某种想法或做法不必要，但无法控制自己而反复地想或做，因而非常痛苦。强迫症大多是由强烈而持久的精神因素和情绪体验所致，与患者以往的生活经历（尤其是幼年时期的遭遇）或精神创伤有一定的联系。患强迫症的大学生一般存在性格缺陷，如缺乏自信、过分谨慎、偏执、多疑等。

强迫症的临床表现多种多样，一般分为强迫思维和强迫行为。强迫思维是指某些思想或某些想法不断重复出现，明知没有必要，但就是无法摆脱，如强迫回忆、强迫联想、强迫疑虑等；强迫行为则是指患者为了减轻因强迫思维所引起的焦虑，不由自主做出的行为，如强迫计数、强迫检查、强迫洗手等。

### （三）焦虑症

焦虑症（见图 6-16）患者具有持久性焦虑、担心、恐惧、紧张、易怒等情绪，常伴有运动性不安和躯体不适感。做事瞻前顾后，对新事物、新环境适应能力差。一般而言，胆小、怯懦的人容易患上焦虑症。

图 6-16　焦虑症

焦虑症可分为急性焦虑症和慢性焦虑症两种。急性焦虑症常在患者受到某种急性精神创伤后突然发作，患者会莫名其妙地感到惊恐、心慌，并出现出汗、面色苍白、两手发抖等症状，这些症状可以持续几分钟或几小时。慢性焦虑症临床表现为心悸、烦躁、忧郁等，患者易紧张，稍有刺激声和麻烦事就不能忍受，甚至大发脾气，事后能有清醒认知并常感到后悔。

### （四）恐惧症

恐惧症是一种对某些特定事物或情境有不能控制的恐惧的神经症，即使患者明明知道自己不会受到伤害，仍然会产生恐惧情绪。

恐惧症有很多种类，大学生通常容易患上的有社交恐惧症、考试恐惧症、工作恐惧症等。以社交恐惧症为例，此类恐惧症患者不敢接近陌生人，不敢在公开场合讲话，一说话就会脸红语塞、心跳加速、身体颤抖。

### （五）自残

自残是指损害自己身体某一部分的病态行为。自残的最极端情况就是自杀。据了解，大学生自残的原因包括：学习压力、父母离异或家庭生活不幸、恋爱受挫等。通常，自残的动机有以下几种。

（1）调节情绪。当个人有太多负面情绪，包括对外界愤怒、强烈的焦虑或挫折感，就可能把自残当成应对压力的方式。

（2）自我惩罚。当无法达到自己或他人的期望时，会用自残来惩罚自己。

（3）影响人际。以自残行为控制他人或吸引关心。

（4）抵抗压力。面临巨大的心理压力，变得麻木，通过自残行为让自己感觉痛楚，重新获得活着的感觉。

（5）抵抗自杀。在尝试自杀前，如果以自残来减轻某部分负面情绪，就可能远离自杀。

（6）追求刺激。遇到有相同境况或自残行为的人时，用自残行为一同追求快感，并借以建立同侪认同。

**政策引领**

**教育部发文加强学生心理健康管理工作**

为进一步提高学生心理健康工作的针对性和有效性，切实加强专业支撑和科学管理，着力提升学生心理健康素养，教育部办公厅发布《关于加强学生心理健康管理工作的通知》（以下简称《通知》）。《通知》明确提出。

（1）加强源头管理，全方位提升学生心理健康素养。具体举措：加强心理健康课程建设；大力培育学生积极心理品质；及早分类疏导各种压力；增强学校、家庭和社会教育合力。

（2）加强过程管理，提升及早发现能力和日常咨询辅导水平。具体举措：做好心理健康测评工作；强化日常预警防控；加强心理咨询辅导服务。

（3）加强结果管理，提高心理危机事件干预处置能力。具体举措：大力构建家校协同干预机制；积极争取专业机构协作支持；妥善做好学生突发事件善后工作。

（4）加强保障管理，加大综合支撑力度。具体举措：配齐建强骨干队伍；落实场地和经费保障。

（资料来源：中原网视台，有改动）

## 二、大学生心理问题的预防与应对

大学生的心理健康问题一直是困扰家庭、学校和社会的大问题。要想有效地解决这一问题，不仅需要外界各种力量的干预，还需要大学生主动地培养自己的健康心理。

### （一）心理问题的预防

大学生可从以下几个方面预防心理问题。

#### 1．正视心理问题

心理问题是很常见的，也是不容回避的。大学生应正确认识心理问题，必要时要及时咨询或求助于心理医生。

### 2．了解自我，接纳自我

大学生要对自己的能力、性格等做出恰当、客观的评价，不对自己期望过高或要求过高，同时也要认识到自己对家人、朋友、社会的价值；坦然接受自身无法弥补的缺陷，学会接纳自我（见图 6-17）。

图 6-17　接纳自我

### 3．接受他人，多交朋友

不过分在意他人的缺点，善于接纳、认可他人。多结交志同道合的朋友，有心事可以向信任的朋友倾诉。

### 4．热爱生活，乐于学习

学会在生活中发现美好，享受人生的乐趣。在学习中，尽可能地发挥自己的聪明才智，并从中获得成就感和满足感，如图 6-18 所示。

图 6-18　乐于学习

### 5．调节情绪，乐观开朗

大学生应学会调节自己的情绪，通过转移注意力等方式让愤怒、沮丧、悲伤等不良情绪尽快远离自己，做一个乐观、开朗的人，如图 6-19 所示。

图 6-19　使自己成为乐观、开朗的人

### 6．构建完整人格

完整的人格由气质、能力、性格、信念、动机、兴趣等组成。大学生参加运动、结交朋友、投身公益活动等都能帮助自己构建完整的人格，从而使自己在面对外界刺激时仍能保持正常的情绪和行为。

### 7．面对并接受现实

处于逆境，大学生应主动面对，然后想办法战胜它，一味逃避只会让自己不断失去信心，最终一事无成。面对失败，大学生也应坦然接受，不断积累经验，坚信自己能够战胜黑暗，迎来光明。

## （二）心理问题的应对

大学生可从以下几个方面应对心理问题。

### 1．宣泄法

宣泄法是指运用各种方式发泄不良情绪的方法，如大哭、运动（见图 6-20）、写日记、向他人倾诉等。

图 6-20　通过运动发泄不良情绪

### 2．转移法

转移法是指通过愉快的活动转移注意力的方法，如听歌、散步，或者与同学一起出去逛街、看电影等。

### 3．任务分级法

任务分级法是指将目标分解成小目标或将活动分解成碎片化的活动，从而使任务易于完成的方法。患者可通过完成小任务获得满足感和成就感，逐渐树立信心，从而摆脱心理问题。

### 4．改变自我陈述

用积极的自我陈述取代消极的自我陈述。例如，每天对着镜子说“我是最棒的，我可以”，丢掉“我不行”的想法。长时间如此，可以使人增强自信心，更有勇气去面对生活中的挫折。

### 5．充实日常生活

大量研究表明，适当的体育锻炼可以调节人的心境，使愉悦度提高，使愤怒、抑郁情绪降低。另外，平时多听听音乐、多到大自然中走走，都能很好地排解心理问题。

### 6．及时就医

怀疑或发现自己有心理问题时，可以及时向心理医生寻求帮助（见图 6-21），尽快确定心理问题的类型并积极配合治疗。

图 6-21 及时向心理医生寻求帮助

## 创新强国

### 我国科研团队发现治疗抑郁症的新靶标

中国药科大学一团队经过多年研究，发现了一种名为 TGR5 的受体（能够同激素、神经递质、药物或细胞内信号分子结合并能引起细胞功能变化的生物大分子）与抑郁行为相关，这为研发新型抗抑郁药物提供了新思路。相关成果发表在了国际神经精神领域学术期刊《生物精神病学》上。

当前临床治疗抑郁症的药物主要基于单胺类神经递质学说研发，虽然种类较多，但也存在效率低、起效慢、副作用大、停药易复发的问题，因此迫切需要从新角度揭示抑郁症的发病机制，寻找新的分子靶标，开发更有效的药物。

近年来，该团队一直关注 TGR5 在中枢神经系统中的作用。研究发现，在出现类似抑郁症状的小鼠中，CA3（碳酸酐酶III）锥体神经元 TGR5 的表达水平显著下降，其下降程度与抑郁严重程度相关。如果提高 CA3 锥体神经元 TGR5 的表达水平，则能够显著改善小鼠的抑郁样行为。

研究人员进一步采用了病毒追踪、光遗传学、化学遗传学及光纤钙信号记录技术，结果显示，TGR5 通过激活一神经环路产生抗抑郁作用。这些结果表明，CA3 锥体神经元 TGR5 参与并调控抑郁行为，增加脑内 TGR5 可能有抗抑郁作用。接下来，该团队将寻找中枢 TGR5 激动剂，进一步明确中枢 TGR5 激动剂的抗抑郁作用，以期开发出安全高效的新型治疗抑郁症药物。

（资料来源：新华网，有改动）

## 课后互动

以小组为单位，就以下问题进行交流、讨论。

★ 如何培养健康的心理？

★ 当你情绪不佳时，通常会采取哪些方式来调节自己的情绪？

笔记

# 第五节 实验室安全

实验室是高校进行人才培养和科学研究的重要场所，具有实验人员集中且流动性大、实验仪器使用频繁、风险难以预见与防控等特点。一旦发生实验室安全事故，轻则造成实验仪器损坏和财产损失，重则造成人员伤亡，还会给高校带来不良的社会影响。大学生应掌握实验室安全知识，学会预防与应对常见的实验室安全事故。

## 一、实验室内的安全隐患

常见的实验室安全事故主要有火灾事故、爆炸事故、毒害性事故、机电安全事故等。

### （一）火灾事故

火灾事故是实验室安全事故中最常见的一种，包括电气火灾事故、化学品火灾事故等。实验室发生火灾事故的主要原因如下。

（1）电气设备电线老化、过载，实验人员对电气设备操作不当等。

（2）实验人员不当使用、储存化学品等。

（3）实验人员的疏忽，如忘记将酒精灯熄灭或忘记关闭电炉等。

### （二）爆炸事故

爆炸事故主要包括危险化学品爆炸事故、高压容器爆炸事故和粉尘爆炸事故等。一般来说，实验室发生爆炸事故的主要原因如下。

（1）实验人员对易燃易爆化学品（如乙炔、氢气、过氧化物、重氮盐等）管理不当。例如，没有按规定储存易燃易爆化学品，造成其泄漏而引发爆炸；在搬运易燃易爆化学品的过程中，使其受热或受到猛烈撞击、摩擦而引发爆炸；等等。

（2）实验人员对高压、高能实验装置操作不当，或者实验步骤不完善。例如，在密闭或狭小的容器中进行蒸馏、回流等操作，导致反应过程中产生的热量或大量气体难以释放，最终引发爆炸。

（3）实验设备老化或出现故障。

### 案例15 实验时粗心大意致受伤

在某高校实验室内，小陈准备配制氯化亚铜的氨溶液。他首先将氯化亚铜溶液倒入平底烧瓶内，然后从药品柜中拿出两瓶他以为是氨水的试剂，并将这两瓶试剂倒入了同一个烧杯中。然而事实上，其中一种试剂是浓度为98%的浓硫酸，其与氨水发生剧烈反应后，烧杯被炸裂。飞溅出的溶液溅到了小陈的脸上和手上，导致他的皮肤被局部灼伤。

（资料来源：豆丁网，有改动）

### 案例16 实验室冰箱爆炸事故

某年10月2日，某高校化工与制药大楼401实验室发生了一起冰箱爆炸事故。虽然该事故没有造成人员伤亡，但是整个实验室被炸毁了。

调查发现：该实验室的冰箱内共存放了17种有机试剂，部分有机试剂因密封不严而泄漏，从而产生了易燃易爆气体。由于冰箱门长时间没有打开，导致冰箱内易燃易爆气体的浓度不断升高，达到了爆炸极限。此外，冰箱是自动控温的，当冰箱内的温度低于额定温度时，电源便会自动断开；当冰箱内的温度高于额定温度时，电源又会自动接通。在电源断开或接通时，控制元件的触点会迸发出电火花，浓度达到爆炸极限的易燃易爆气体遇到电火花便引发了爆炸。

（资料来源：豆丁网，有改动）

#### （三）毒害性事故

毒害性事故主要包括毒害性物质泄漏事故和中毒事故。一般来说，实验室发生毒害性事故的主要原因如下。

（1）实验人员在做一些涉及毒害性物质的实验时，违规操作或疏于防护。

（2）实验人员对毒害性物质管理不当。

（3）实验设备老化或出现故障。

#### （四）机电安全事故

机电安全事故大多发生在机械实验室和电气实验室中，主要包括夹挤、碾压、切割、缠绕、卷入、刺伤、碰撞、电击等事故。一般来说，实验室发生机电安全事故的主要原因实验人员操作不当或缺乏防护装备、实验设备老化或出现故障等。

## 案例 17 未按要求佩戴安全帽险酿大祸

某高校一位女生在车间实习时，考虑到中途要外出开会，她不想因佩戴安全帽而影响了发型，于是抱着侥幸心理没有按要求佩戴安全帽。结果，在操作机械时，该女生一不留神，将头发绞进了机械中。出于本能反应，该女生用手将头发紧紧抓住并拼命呼喊。指导老师发现后，及时拉下了总电闸，才未酿成大祸。但由于机械运转的惯性，该女生的头皮还是受了伤。

（资料来源：百度文库，有改动）

## 二、危险品的分类和危害类型

危险品的种类繁多，危险程度参差不齐，大多数都具有多重危险性。一般可将危险品分为 9 类 22 项，如表 6-1 所示。

表 6-1 危险品

| 危险品种类 | 危害描述 | 标签 |
|---|---|---|
| 第 1 类 爆炸物 | 具有巨量爆炸危害的物质和物品 | 爆炸品 1 |
| | 具有射出危害，但无巨量爆炸危害的物质和物品 | |
| | 具有起火危害、轻微爆破危害或轻微射出危害，或者两者都有，但无巨量爆炸危害的物质和物品 | |
| | 不致引起重大危害的物质和物品 | 1.4 爆炸品 1 |
| | 有巨量爆炸危害，但很不敏感的物质 | 1.5 爆炸品 1 |
| | 无巨量爆炸危害，且极不敏感的物品 | 1.6 爆炸品 1 |

（续表）

| 危险品种类 | 危害描述 | 标签 |
|---|---|---|
| 第 2 类 压缩的、液化的或受压溶解的气体 | 易燃气体 | 易燃气体 2 |
| | 非易燃、无毒性气体 | 不燃气体 2 |
| | 毒性气体 | 有毒气体 2 |
| 第 3 类 易燃液体 | 第Ⅰ包装群：起沸点⩽35℃ | 易燃液体 3 |
| | 第Ⅱ包装群：起沸点>35℃，闪点< 23℃ | |
| | 第Ⅲ包装群：起沸点>35℃，23℃⩽闪点⩽60.5℃ | |
| 第 4 类 易燃固体，起火物质，与水反应物质 | 易燃固体 | 易燃固体 4 |
| | 起火物质 | 自燃物品 4 |
| | 遇水释放出易燃气体的物质 | 遇温易燃物品 4 |

（续表）

| 危险品种类 | 危害描述 | 标签 |
| --- | --- | --- |
| 第 5 类 氧化物及有机过氧化物 | 氧化物 | 氧化剂 5.1 |
| | 有机过氧化物 | 有机过氧化物 5.2 |
| 第 6 类 毒性物质及感染性物质 | 毒性物质 | 有毒品 6 |
| | 感染性物质 | 感染性物品 6 |
| 第 7 类 放射性物质 | 放射性物质 | 放射性物品 7 |
| 第 8 类 腐蚀性物质 | 腐蚀性物质 | 腐蚀品 8 |
| 第 9 类 其他危险品 | 其他危险物质和物品 | 9 |

## 三、实验室安全危机的预防与应对

### （一）火灾事故的预防与应对

#### 1. 火灾事故的预防

为了预防实验室发生火灾事故，大学生应做到以下几点。

（1）在做实验前，应先了解实验室内电气设备、高温设备、高压设备的使用方法和使用注意事项，认真检查实验仪器，若发现电线或设备存在故障，则应立即向指导老师报告。

（2）在实验过程中严格按照操作规程操作各种设备，做实验时集中注意力，尤其在使用易燃易爆化学品时更要小心谨慎，不得在烘干箱内加热易燃易爆化学品。

（3）将实验材料妥善保管、分类存放；按规定及时处理废弃物，严禁将废弃物随意乱放。

（4）做完实验后，整理各种实验仪器和试剂，关闭电源、水源、气源，并对实验室进行全面的安全检查，确认无安全隐患后方可离开。

#### 2. 火灾事故的应对

若火灾处于初起阶段，实验人员应移走着火物品附近的可燃物，尽可能地将易燃易爆化学品、压力容器等转移至安全地带，同时还应关闭实验室内的电闸及各种气瓶的阀门，然后根据火灾类型选择合适的灭火方式。

若火势很大且有继续蔓延的趋势，实验人员应立即撤离现场，并在确保自身安全的情况下，及时按下距离自己最近的消火栓按钮（见图 6-22），同时立即拨打 119 报警电话。

图 6-22　消火栓按钮

### 案例18　电线老化引发的火灾事故

某年7月，在某高校实验室内，小陈在使用电炉时，因电炉中电线老化而引发火灾。刚开始火势很小，小陈本可以使用实验室内的干粉灭火器将火扑灭。但遗憾的是，小陈一看到着火便立即跑出了实验室，去找人帮忙灭火。待小陈和其他人赶回实验室时，火势已经无法控制了，他们不得不慌忙逃离火场。虽然后来消防人员赶到将火扑灭了，但是这场火灾给高校造成了无法挽回的经济损失。

（资料来源：豆丁网，有改动）

### （二）爆炸事故的预防与应对

#### 1. 爆炸事故的预防

为了预防实验室发生爆炸事故，大学生应做到以下几点。

（1）不能随意混合各种化学品，如高锰酸钾和甘油等；在点燃氢气、一氧化碳等易燃气体之前，必须先检查其纯度；不能研磨氯酸钾、硝酸钾、高锰酸钾等强氧化剂及其混合物。

（2）使用易燃易爆化学品时，应严格按照操作规程进行；使用浓硝酸、高氯酸和过氧化氢等强氧化剂时，应避免使其与有机物接触。

（3）在做放热反应实验时，为避免反应过于剧烈而引发爆炸，可采取控制加热速度等措施，同时还应做好防护措施，如使用防护屏或佩戴防爆面罩等。

（4）切勿在封闭系统内进行常压蒸馏或加热回流实验，不得使用受压不均的实验仪器（如锥形瓶等）进行减压蒸馏实验。

（5）发现燃气管、气瓶的阀门漏气时，应立即关闭总阀门，打开窗户，并通知维修人员进行修理。

#### 2. 爆炸事故的应对

若发生爆炸事故，则应先安排受伤人员撤离现场，再将其送往医院；同时，还应立即切断电源，关闭气瓶的阀门，并迅速清理现场，以防引发火灾或中毒事故。若已引发其他事故，则应按相应办法处理。

### （三）毒害性事故的预防与应对

#### 1. 毒害性事故的预防

为了预防实验室发生毒害性事故，大学生应做到以下几点。

（1）在做实验前，应先熟悉实验室的安全制度，掌握化学品的知识和实验安全操作规程，在老师的指导下制订好实验方案，熟悉所用试剂及反应产物的性质和潜在危险，做好防爆、防火、防溅等措施。

（2）进入实验室前，应按规定穿戴好必要的安全防护装备；进入实验室后，应检查实验仪器是否完好，检查装置是否安装正确且放置稳妥。

（3）在做实验的过程中，应注意实验仪器有无漏气、破裂现象，以及反应是否正常进行；应严格按规定领取、使用和存放各类化学品；应对化学废液进行分类收集、分类存放，严禁将化学废液倒入下水道；应保持实验室干净整洁、空气流通，严禁在实验室内吸烟、饮食。

（4）实验结束后，应对实验室进行系统检查，确认没有问题后应整理好桌面，并做好收尾工作。

### 2．毒害性事故的应对

毒害性物质泄漏后的应对措施主要包括控制泄漏源和处理泄漏物两个步骤，即先关闭输送泄漏物的管道阀门或堵住泄漏点，然后对泄漏物进行覆盖、收集、稀释等，以防发生二次事故。处理实验室泄漏物的常用方法有吸收法、覆盖法、收集法和固化法，具体如表 6-2 所示。

表 6-2　处理实验室泄漏物的常用方法及操作要点

| 常用方法 | 操作要点 |
| --- | --- |
| 吸收法 | 若易被蛭石或惰性物质吸收的液态毒害性物质泄漏，则可先用蛭石或惰性物质进行吸收，再将蛭石或惰性物质转移至空旷处深埋或采取其他安全处理措施 |
| 覆盖法 | 若易迅速与空气融合形成爆炸性混合物或易挥发的毒害性物质泄漏，则可将泡沫或冷冻剂覆盖在泄漏物的表面，以抑制泄漏物的挥发 |
| 收集法 | 若毒害性物质泄漏较多，则可用隔膜泵将泄漏物抽入槽车内；若毒害性物质泄漏较少，则可先用活性炭、沙子、木屑等吸附材料吸附泄漏物，再将吸附后的吸附材料收集起来 |
| 固化法 | 在泄漏的毒害性物质中加入能与其发生化学反应的固化剂（如水泥、石灰等），使其固化。若固化的泄漏物无害，则可将其原地堆放而不需要进行进一步处理；若固化的泄漏物仍然有害，则必须将其运至废弃物处理场进行进一步处理 |

当有人中毒时，大学生应根据中毒者的中毒原因采取相应的应对措施，具体如表 6-3 所示。

表 6-3　中毒事故的中毒原因及应对措施

| 中毒原因 | 应对措施 |
| --- | --- |
| 吸入毒害性物质 | 立即拨打 120 急救电话，然后将中毒者转移至室外，再解开中毒者的衣领、裤带等，观察其呼吸情况。若救护车未到而中毒者呼吸困难，则应立即对其做人工呼吸，但不要采用口对口呼吸法，以防中毒 |
| 吞食毒害性物质 | 立即拨打 120 急救电话，并向医务人员说明毒害性物质的种类、中毒者的症状、中毒时间等。在等待医务人员到达期间，为减轻中毒者的症状，可采取以下措施：<br>（1）帮助中毒者饮用水、牛奶等，以降低中毒者胃液中毒害性物质的浓度，减缓毒害性物质被人体吸收的速度并保护胃黏膜<br>（2）用手指或茶匙柄部摩擦中毒者的喉头或舌根，使中毒者呕吐；若用这种方法不能让中毒者呕吐，则可使中毒者服用适量吐根糖浆（一种能够排除中毒者胃内毒害性物质的糖浆），或者在 80 毫升热水中加入一茶匙食盐，搅拌均匀后让中毒者服下 |
| 皮肤接触毒害性物质 | 立即拨打 120 急救电话，然后将中毒者移离现场。在医务人员到达之前，可先用自来水冲洗中毒者沾染了毒害性物质的皮肤 |
| 毒害性物质进入眼睛 | 立即拨打 120 急救电话，然后将中毒者移离现场，再用洗眼器冲洗中毒者的眼睛。若毒害性物质可与水发生反应，则应先用沾有植物油的棉签或干净的毛巾擦去进入中毒者眼睛的毒害性物质，再用洗眼器冲洗中毒者的眼睛 |

## （四）机电安全事故的预防与应对

### 1. 机械安全事故的预防与应对

机械安全事故的预防措施如下。

（1）应按照安全要求着装，并正确使用各种防护用品。

（2）使用机械前，应确定其性能良好；应按规定正确使用机械，不能私自更换机械上的附件或随意设定参数。

（3）在机械运转时，应注意以下几点：① 不得用手代替夹具来调整或修理机件，也不得擦拭或用手触摸机械运转部分，若必须进行相关操作，则应先关停机械；② 不能将刀具、夹具等物品放在机床旋转体上或工作台面上；③ 禁止用手直接清理或用嘴吹机械危险部位的切屑等杂物。

（4）操作结束时，应先关停机械，再将刀具和工件从机床上卸下。

机械安全事故的应对方法如下。

（1）在保证师生安全的前提下，应切断实验室总电闸，关停事故机械。

（2）发现有人受伤时，应遵循及时、有序、有效和最大程度减少伤害的原则，对受伤人员实施现场急救。

（3）及时调查发生事故的原因，并采取相应的补救措施，以防类似事故再次发生。

### 2．电气安全事故的预防与应对

电气安全事故的预防措施如下。

（1）不能乱接电线或随意改装线路。

（2）使用正规接线产品，严禁使用破损的插头、插座或接线板；当发现插座松动、插头电线裸露时，应及时更换插座、插头。

（3）在安装或维护实验仪器时，要先断电再操作；对于一些拆装、维护难度较大的实验仪器，应请专业人员来操作；在实验前，应先检查实验仪器再接通电源；在实验结束后，应及时关闭电源。

（4）不要用湿手接触实验仪器，也不要用湿毛巾擦拭实验仪器；当发现实验仪器过热、报警、产生烟雾、产生焦味时，应立即切断电源。

（5）在雷雨天气或停电时，应尽量关闭实验仪器的电源，尤其是用于加热的实验仪器的电源。

（6）在使用高压电源时，应按规定穿好绝缘鞋，戴好绝缘手套，并站在硅胶绝缘垫上，用专业工具进行操作。

电气安全事故的应对方法如下。

（1）高校实验室中发生电气安全事故时，施救者首先应使触电者脱离电源，常用方法如下。

① 拉。若在触电地点附近有电源开关或插头，则应立即断开开关或拔出插头，以切断电源。

② 切。若在触电地点附近找不到电源开关或插头，则应用带有绝缘柄的电工钳或带有干燥木柄的斧头切断电线。

③ 挑。当电线搭在触电者身上或被压在触电者身下时，应用橡胶棒、木棒、木板等绝缘物将电线挑开。

④ 拽。若触电者身上的衣服是干燥的，施救者可戴上绝缘手套或站在干燥的木板、硅胶绝缘垫等绝缘物上，用一只手抓住触电者的衣服，将其拽离电源。

（2）在触电者脱离电源后，施救者应迅速拨打 120 急救电话，然后根据触电者的症状采取科学的急救措施。

## 案例 19　实验室触电急救

某高校两名大学生在实验室做物理实验时发生了触电事故。事发经过如下：刘某不小心用手触碰到了电气设备上裸露的电线而触电倒地，张某想直接用手将刘某拉离电线，结果也触电了。这时，缓过神来的王某赶紧用干燥的木制拖把杆将电线从两人身上挑开，及时帮刘某和张某脱离了险境。

由于触电时间较短，因此刘某和张某并未昏迷，只是出现呼吸急促、肌肉抽搐的症状。在其他同学的帮助下，两人被迅速送往医院进行治疗。

（资料来源：搜狐网，有改动）

### 课后互动

以小组为单位，就以下问题进行交流、讨论。

★ 假如你所在的实验室位于 8 楼，你在做实验时突然闻到一股刺激性气味，并且感觉呼吸急促，还不停地流泪。当你推开实验室大门时发现，对面的实验室着火了，火势正在向四周蔓延。遇到这种情况，你应当采取哪些应对措施？

★ 在化学实验室中，实验人员经常会使用一些易燃、有毒的有机试剂，并且还要经常进行加热、回流、蒸馏等操作。假如你是化学专业的一名大学生，请你结合自身所学知识，提出在实验操作过程中应注意的事项。

★ 假如在一次实验中，一名大学生因误触电气设备上裸露的电线而触电，并出现抽搐、呼吸急促等症状。遇到这种情况，你应当采取哪些应对措施？

笔记

# 综合测试

## 一、填空题

（1）____________是指发生在校园或校园附近的，以老师或学生为施暴对象的恃强凌弱的暴力行为。

（2）____________是指组织者或经营者发展人员，以被发展人员直接或间接发展的人员数量或销售业绩为依据，为其计算和给付报酬，或者以要求被发展人员交纳一定费用而取得加入资格等方式牟取非法利益，扰乱经济秩序，影响社会稳定的行为。

（3）____________是由痢疾杆菌引起的，主要通过粪-口传染。

## 二、单项选择题

（1）（　　）是指因摄入被细菌或毒素污染的食物而引起的中毒。

A．细菌性食物中毒　　B．化学性食物中毒

C．有毒动植物食物中毒　　D．真菌性食物中毒

（2）（　　）是一种常见的神经症，患者明知某种想法或做法不必要，但无法控制自己而反复地想或做，因而非常痛苦。

A．抑郁症　　B．强迫症

C．焦虑症　　D．恐惧症

（3）（　　）是指运用各种方式发泄不良情绪的方法。

A．转移法　　B．任务分级法

C．宣泄法　　D．及时就医

（4）进行化学实验时，下列做法中正确是（　　）。

A．随意混合各种化学品，如高锰酸钾和甘油等

B．在点燃氢气、一氧化碳等易燃气体之前，必须先检查其纯度

C．在封闭系统内进行常压蒸馏或加热回流实验

D．使用受压不均的实验仪器（如锥形瓶等）进行减压蒸馏实验

## 三、简答题

如何正确应对校园暴力？

# 学习成果评价

指导老师根据学生的实际学习成果对学生进行评价，学生配合指导老师共同完成表 6-4 所示的学习成果评价表。

表 6-4　学习成果评价表

<table>
<tr><td>班级</td><td></td><td>组号</td><td></td><td>日期</td><td colspan="2"></td></tr>
<tr><td>姓名</td><td></td><td>学号</td><td></td><td>指导老师</td><td colspan="2"></td></tr>
<tr><td>学习成果/模块名称</td><td colspan="6">校园生活与学习安全</td></tr>
<tr><td>评价项目</td><td colspan="3">评价内容</td><td>评价方式</td><td>满分/分</td><td>评分/分</td></tr>
<tr><td rowspan="3">知识<br>40%</td><td colspan="3">校园暴力和非法诱惑</td><td rowspan="3">理论测试</td><td>15</td><td></td></tr>
<tr><td colspan="3">身体健康和心理健康</td><td>15</td><td></td></tr>
<tr><td colspan="3">实验室安全</td><td>10</td><td></td></tr>
<tr><td rowspan="5">技能<br>40%</td><td colspan="3">预防常见的传染病和疾病</td><td rowspan="5">实践操作</td><td>8</td><td></td></tr>
<tr><td colspan="3">培养健康的心理</td><td>8</td><td></td></tr>
<tr><td colspan="3">远离传销和“黄赌毒”</td><td>8</td><td></td></tr>
<tr><td colspan="3">防范与应对校园暴力</td><td>8</td><td></td></tr>
<tr><td colspan="3">预防与应对实验室安全危机</td><td>8</td><td></td></tr>
<tr><td rowspan="5">素养<br>20%</td><td colspan="3">积极参加教学活动，主动学习、思考、讨论</td><td rowspan="5">综合评判</td><td>6</td><td></td></tr>
<tr><td colspan="3">认真负责，按时完成学习任务</td><td>4</td><td></td></tr>
<tr><td colspan="3">谦虚勤勉，能够认识到自己的不足</td><td>4</td><td></td></tr>
<tr><td colspan="3">团结同学，热情友善</td><td>4</td><td></td></tr>
<tr><td colspan="3">守正创新，自信自强</td><td>2</td><td></td></tr>
<tr><td colspan="5">合计</td><td>100</td><td></td></tr>
<tr><td>自我评价</td><td colspan="6"></td></tr>
<tr><td>指导老师评价</td><td colspan="6"></td></tr>
</table>

## 安全小讲堂

扫一扫

拒绝校园暴力

传销的套路

校园常见传染病

黑外卖的危害

# 第七章

# 校外生活安全

# 第一节　实习实训安全

校外集中实习是各院校必有的教学环节，各院校对这一环节都非常重视，一般都为其制定有一系列严格的管理制度和严密的实施方案。但近些年来，校外集中实习过程中的安全事故时有发生，这些事故在给大学生及其家庭带来巨大不幸的同时，也给学校带来了巨大压力和负担。因此，大学生只有增强安全防范意识，掌握实习实训安全知识，才能保护自身安全。

## 一、顶岗实习安全

### 案例1　实习期间受伤，三方担责

杨某是某高职院校汽车维修专业的大学生。毕业前夕，他被学校安排到一家汽车销售公司实习，其日常工作就是在师傅的带领下对客户的汽车进行维护和维修。

一天，杨某独自维修一辆汽车时，让该车司机配合进行挂挡、摘挡操作。在操作过程中，汽车突然向前滑行，杨某躲闪不及，被汽车撞伤，医院诊断为左股骨粉碎性骨折和软组织损伤。杨某的家人与学校、汽车销售公司、肇事车司机进行协商，没有得到一个满意的结果，于是将三方起诉到法院。

学校认为，杨某是在汽车销售公司实习期间受伤的，与学校没有关系，况且学校在实习前已经安排了安全教育课，履行了教育义务，学校无须负担任何法律责任。汽车销售公司认为，杨某只是在公司实习，而不是为公司工作，在没有师傅在场的情况下独自维修汽车，违反了公司规定，公司本应追究杨某的责任，而无须赔付杨某任何费用。肇事车司机认为，车辆维修环境不符合安全规范，地沟和升降台存在的安全隐患，这才导致事故发生，因此应由汽车销售公司承担赔偿责任。

法院最终判处学校、汽车销售公司和肇事车主依法各承担20%、60%和20%的赔偿责任。

（资料来源：澎湃新闻网，有改动）

### 案例2 员工矛盾，借酒消愁

某高校一名大学生在某五星级酒店实习，工作中与其他员工发生了一些矛盾，因受委屈心中郁闷难解，下班后独自一个人到商店买了两瓶啤酒，并带回员工寝室喝。"借酒消愁愁更愁"，她越喝越伤心，一时间委屈和难过全部涌了上来。两瓶啤酒不过瘾，她又跑去商店买了一瓶烈酒——威士忌。两个小时后，同事回到寝室，打开房门，一股酒气扑面而来，而该名大学生正安静地躺在床上，同事凑近一看，发现她的床上满是呕吐物，这时她的口中还吐着白沫。同事立即将此情况报告给了寝室管理员，并马上拨打了120急救电话。该名大学生被紧急送往医院，被抢救了一天一夜后才慢慢恢复意识。

（资料来源：搜狐网，有改动）

#### （一）顶岗实习中易发生安全事故的原因

大学生在企事业单位（包括校外实训基地）进行顶岗实习时，易发生安全事故的原因如下。

（1）大学生角色转换不到位，认为自己还是学生，接受安全培训教育的主动性不高；大学生思想较单纯，安全防范意识不强，警惕性不高。

（2）大学生对实习设备不熟悉而造成操作失误或在操作设备时违反安全操作规程，从而引发伤亡事故。例如，北京某大学烹饪系的一名学生在一家酒店实习时，错误操作厨房内的设备，导致其右手被严重烫伤。

（3）大多数学生的法律意识淡薄，在遭受非法侵害时，不懂得运用法律武器来维护自己的合法权益，致使自己在物质上和精神上受到损害。

#### （二）顶岗实习安全防范

为保证顶岗实习安全，大学生可采取以下措施。

**1．认真选择实习单位**

在选择实习单位时，大学生要确认该实习单位是否严格遵守《中华人民共和国劳动法》、有无劳动保护措施等。若实习单位不具备有关法律法规所规定的条件，大学生可依法拒绝参加实习。

**2．自觉接受安全培训和学习**

在参加顶岗实习之前，大学生要自觉接受有关职业道德、劳动纪律、劳动防护和生产安全的教育培训，并认真学习，在思想上引起重视。例如，学习安全手册、生产安全知识，进车间时必须穿戴好防护用品，进工地时不准穿高跟鞋、裙子等。

### 3．严格遵守规章制度和技术操作规则

在顶岗实习期间，大学生要接受学校老师和实习单位负责人的指导，认真学习并严格遵守实习单位的各项规章制度和技术操作规程，不能掉以轻心。

### 4．熟记生产过程中的注意事项

大学生在工厂、建筑工地等易发生安全事故的场所实习时，应熟记以下注意事项。

（1）不擅自触摸带电的设施设备，未经允许不得擅自使用生产工具。

（2）在工作现场行走时，要随时注意房顶管道、墙壁钉子、地面阴沟等，不要随便触摸阀门、按钮等。

（3）不在工作现场嬉戏打闹、高声喧哗。

在顶岗实习期间，大学生若发现异常情况或发生安全事故，应及时向顶岗实习指导老师和实习单位负责人报告，在不了解处理办法的情况下，不得擅自处理，以免发生二次事故。

## 二、社会实践安全

大学生利用课余时间进行勤工俭学等社会实践，已成为大学校园中常见的现象。然而，大学生普遍缺乏社会经验，思想比较单纯，安全意识淡薄，在参与社会实践过程中往往存在一些安全危机。为保障自身安全，大学生应了解社会实践安全危机的常见类型，学会预防常见的社会实践安全危机。

### （一）社会实践安全危机的常见类型

### 1．虚假信息

一些不规范的中介机构利用大学生急于在假期兼职的心理，夸大事实，无中生有，以“急招”“高薪”为幌子引诱大学生报名。此外，部分不法组织披着用人单位的外衣，使用虚假招聘信息诱骗大学生从事传销、涉黄、涉赌活动。大学生入职后，发现工作内容、时间、环境和薪资等与用人单位事先介绍的情况完全不符，在提出离职时用人单位便会强制收取违约金，甚至限制大学生的人身自由。

预交押金骗局

### 2．收取各种费用

一些中介机构或用人单位向大学生收取押金、保证金、报名费、体检费、会员费、服装费等各种费用，并承诺入职或工作结束后退还。大学生交钱后，中介机构或用人单位往往表示暂无职位，需要等消息，随后便不知去向。

3. 不付报酬

一些个人或流动服务单位在假期雇用大学生，但在结算工资时往往找借口拖延，拖到开学后便无影无踪。此外，一些不法分子会以“提供家教工作”为幌子，约大学生上门，抢劫其钱财或实施其他侵害。

### 案例3 口头协议不算数

某高校3名大学生经同学介绍到李某家做家教，其工作内容是对李某家的3个高二学生的语文、数学、化学、物理、英语等科目进行一对一辅导。双方约定，报酬为每人每小时30元，工作时间为周六、周日每天各6个小时，工资结算时间为每月月底。

经李某面试合格后，3名女生就按口头协议开始工作。到了当月下旬，李某突然就不让她们上门辅导了，也没给她们计付工资。3人事后多次致电李某，要求李某偿付工资，但李某从不接听电话。3人还曾到过李某的工作单位要钱，李某却避而不见。为索回辛苦挣来的4 320元工资，她们将李某送上了被告席。

（资料来源：豆丁网，有改动）

4. 临时廉价苦工

一些大学生只是想利用假期临时赚些零花钱，因此对所从事工作的内容和报酬往往不太计较。而个别企业正是利用大学生的这点心理，将平日积攒下的员工不愿从事的一些脏活、累活，交由假期雇佣的大学生突击完成，然后用十分低廉的价格打发了事。

5. 高薪招工

有些娱乐场所以高薪来吸引大学生从事所谓的“公关”工作，包括陪客人唱歌、喝茶，甚至从事不正当交易。大学生在这些场所打工时，很容易上当受骗，甚至误入歧途。

### （二）常见社会实践安全危机的预防

为预防常见社会实践安全危机，大学生应牢记以下几点。

兼职实训实习安全

1. 谨防中介的诈骗

对于中介机构，大学生应注意查看或上网查询其是否具有人力资源和社会保障部颁发的“人力资源服务许可证”，查看其营业执照上的内容是否与其实际经营范围相符，确定其合法性。大学生在找工作时，最好选择有资质、信誉好的中介机构，不选择无证经营或信誉差的中介机构。

### 2. 确认用人单位的合法性

大学生在找到自己满意的兼职之后、正式上岗之前，一定要确认用人单位是否具备法人资格，是否有营业执照，是否有固定的营业场所。若用人单位不具备法人资格，没有合法的营业执照、固定的营业场所等，则一定不能同意为其工作。

### 3. 拒交各种费用

中介机构或用人单位以任何名义向求职者收取押金、报名费、服装费等费用，都属于违法行为。若应聘时对方要求交费，大学生应该明确拒绝。

### 4. 谨防陷入传销陷阱

在传销陷阱中，应聘者本来以销售人员的名义上岗工作，之后才发现是受骗上岗。陷入传销陷阱的人，有的被迫去如法炮制地哄骗同学、老师或亲友，而有的则在高回扣的诱惑之下，欺骗自己的同学、老师、亲人和朋友。两者的结果都是骑虎难下，最终还会白搭上一笔钱和一份情感，使自己和他人的身心受到巨大伤害。因此，大学生在通过同学或朋友介绍工作时，一定要提高警惕，注意多方面了解介绍人和所介绍工作的情况，并勇敢地维护自己的合法权益，以防陷入传销陷阱。

### 5. 不抵押任何证件

大学生在任何情况下，都不应将自己的身份证、学生证等证件交给中介机构或用人单位。《中华人民共和国劳动合同法》第九条规定："用人单位招用劳动者，不得扣押劳动者的居民身份证和其他证件，不得要求劳动者提供担保或者以其他名义向劳动者收取财物。"此外，个人证件的复印件也应谨慎使用。

### 6. 不到娱乐场所工作

大学生不到娱乐场所工作的原因有两点：① 具体工作内容可能和招聘时介绍的不同，如涉及色情、赌博等违法活动；② 娱乐场所鱼龙混杂，常常有不法分子出没，大学生的人身安全难以得到保障。

### 7. 不做高危工作

有些工作危险系数高、劳动强度大的工作，如建筑工地做苦力、机械零件加工等工作，容易发生意外，为了避免身体受到伤害，大学生尽量不要找此类兼职。

### 8．要签订劳务协议

有些用人单位在大学生工作结束时以各种理由克扣大学生工资，侵害大学生利益。为了避免此类现象发生，大学生应在工作开始前与用人单位签订劳务协议，在协议中详细写明工资额度、发放时间、安全保障等关系到大学生切身利益的内容，并明确双方权责。

### 9．女生不单独外出约见

一些女生的自我保护和防范意识比较差，在找工作过程中不加考虑，单独与用人方约见，这样有时会遇到危险。因此，建议女生不要单独外出约见，且尽量不要在夜间工作。若可能的话，则可以与同学一起结伴外出工作；若确实需要一个人外出工作，则应随时与老师、同学保持联系。

### 10．谨防网上受骗

一些个人或小公司在网上发布信息，要求应聘者通过电子邮件等途径发送工作成果，如翻译作品、创作作品等。但是，当大学生通过网络把工作成果发送过去以后，就会被告之成果未被采用，而实际上对方已经利用了大学生的工作成果，但是大学生对此很难取证。因此，大学生在工作时，应尽量避免采用类似的方式传送工作成果；若一定要采用这类方式，则应向对方提出一定的合理条件，或者采取一定的措施以确保成功取证。

## 三、海外实习安全

如今，越来越多的大学生选择到海外实习。海外实习可以使大学生将所学知识与社会实践相结合，也能帮助大学生培养国际视野、增强社会责任感。大学生在海外实习时，应注意以下安全问题。

### 案例4 私换单位有风险

某高校大学生张某，学习成绩优异，尤其是英语口语特别流利。大三时，他被选派到海外一家企业实习。3个月后由于企业转型，他被迫中止实习，学校也及时给他安排了另一家实习企业，让其继续实习。

但是，张某并未到学校安排的新企业继续实习，而是私自去了另一家公司实习。学校多次教育并警告张某，不得违法打黑工，但他不听劝阻。两个月后，由于张某在某项业务操作中运作不当，给该公司造成了巨大亏损。该公司认定张某应对此事负主要责任，并要求其赔偿。该公司扣压了张某的护照等重要证件，并准备上诉至法院。

此事虽然经过多方调解，公司方没有诉至法院，并归还了其证件，张某也顺利回了国，但该公司方仍然保留了对他的追诉权。

（资料来源：搜狐网，有改动）

## 案例5 他国文化须了解

在海外实习，往往会因文化背景的差异而遭遇尴尬局面。苗某就曾因此事而遭到了实习导师的严厉批评。

苗某在国外某大学读书期间，利用课余时间到某广播公司实习。在一次提供自助餐的记者招待会上，饥肠辘辘的她在采访完以后，就在招待会上吃了一点儿东西，回来后她便被实习导师痛骂了一顿。这时，她才知道，在该地区记者是不能收受采访对象的任何东西的。她的实习导师说，自己做记者的二十多年来甚至没有喝过采访对象的一杯水。

苗某说："因为自己不是土生土长的当地人，所以对当地文化背景知识了解不多。但这些知识在新闻实践中会经常被用到，如果不懂，采访时就会有很多困难。"而那些知识在新闻学的课堂上是学不到的，需要他们自己花时间去了解。

（资料来源：中国新闻网，有改动）

## 案例6 身处异乡须防范

某高校市场营销专业大二学生肖某，在国外的一家快餐店里当收银员。初到当地，一次肖某和同去的几个朋友在汽车旅馆外的空地上开派对。快结束的时候，她和一个朋友先回房休息，这时候有人敲门，朋友没问是谁就开了门，谁料几个大汉冲了进来，抢走了她们的手机等电子产品后便扬长而去，好在没有人员受伤。但这件事如同一场噩梦，在她们心理留下了阴影。

后来，肖某在工作中得知，一些当地的"小混混"发现一些新来的打工学生，当这些学生疏于防范时，他们就会趁机下手。当地的华人提醒她们，平时不要露富，要时刻保持警惕。

（资料来源：百度文库，有改动）

### （一）住宿安全

大学生到达实习国家后，应尽早了解当地的治安状况，以及学校在当地的紧急联系人及电话、居住地附近的报警电话、当地中国使领馆的地址和电话等信息，必要时可及时得到帮助，避免遭受重大的人身伤害和财产损失。

外出、夜间就寝前，应检查所有门窗是否已上锁，注意防盗；仔细检查煤气、电器开关的安全情况，防止煤气中毒、火灾事件的发生。

### （二）出行安全

到达实习国家后，应注意查阅相关交通规定，注意出行乘车安全，遵守交通安全规定。不要接受陌生人搭便车，也不要随便搭乘他人的车。

夜间外出时，最好有同伴同行，并准备防御武器，尽量选择行人多且照明充足的街道。如果不是非常紧急的事情，那么夜间尽量避免外出。

### （三）生活安全

海外实习的大学生不要轻易与不认识或不了解的人交朋友，以防陷入违法犯罪冲突之中。注意自己日常的言行，不要在公共场合大声喧哗、行为粗鲁，切勿对他人的行为指手画脚，以免招来不必要的麻烦。大学生要及时了解该国的相关法律法规，在受到伤害时，能通过法律途径维护自己的合法权益。

### （四）其他方面的安全

（1）保存好重要的证件，以防被盗。遇到有人检查证件时，不要轻易应允，要问清楚对方的身份。出发前应将有关证件复印一份放在包中。证件一旦遗失或被偷被抢，要立即报警，同时请警方出具书面遗失证明，必要时向所在国申请出境签证，并向我国驻当地使领馆提出补办申请。

（2）不去酒吧、赌场等危险场所。在公众场合喝的饮料，离开视线后不能再喝，以免被混入迷药、毒品等。

（3）与人交谈时避免谈及敏感话题，以免引起不必要的误解，给实习生活带来不便。

（4）尊重多元文化，特别应注意当地的文化传统，尽快适应并融入当地的文化。

## 课后互动

以小组为单位，就以下问题进行交流、讨论。

★ 学生校外实习期间，应注意哪些安全事项？

★ 社会实践时会遇到哪些安全危机？应如何应对？

★ 在海外实习时，自己应如何确保人身及财产安全？

笔记

## 第二节 交通安全

大学生无论外出办事还是出门旅游，都不可避免地要在道路上行走、乘坐交通工具，在此过程中，存在许多安全隐患。只有掌握相关交通安全常识，才能做到顺利、安全地外出。

### 案例7 梦想因电动自行车事故而破灭

小芸从小就有云游四海的梦想，因此长大后想从事旅游行业。高考时，小芸报考了某高校的旅游管理专业，并顺利考上了该校。然而，在即将去大学报到的前一晚，小芸骑着电动自行车载着同学，在一个路口与一辆工程车迎面相撞。重伤的小芸立即被送到医院，由于头部伤势过重，经过一系列抢救，小芸的心跳最终还是停止了。一切美好的计划，就此画上了句号。一次交通意外，夺去了这位少女的宝贵生命，也毁掉了一个家庭的希望。

（资料来源：百家号，有改动）

### 案例8 乱穿马路丢性命

五一劳动节放假期间，在某高校门前，一名大学生嫌走 100 米外的人行过街天桥过马路麻烦，于是便翻越马路中间的隔离栏横过马路。这时，一辆满载沙石的大货车疾驰而来，由于大货车刹车不及时，该女生被撞倒，不幸当场死亡。

（资料来源：搜狐网，有改动）

## 一、行路安全危机的预防与应对

大学生在校内外步行、骑车、驾驶机动车时，都要时刻保持警惕，预防并正确应对行路安全危机。

### （一）步行安全危机的预防

步行时，大学生若不按交通信号灯指示行走或翻越人行护栏进入机动车道，则可能发生安全事故。此外，大学生若不留意周边环境，则可能与闯红灯或非法驶入非机动车道的汽车相撞，从而发生安全事故。

为预防步行安全危机，大学生应做到以下几点。

（1）走右侧人行道，若没有划分人行道，则应靠右侧路边行走。

（2）通过路口或过马路时，应走人行横道、过街天桥或地下通道。

（3）通过有交通信号灯的人行横道时，应按照交通信号灯指示通行；通过没有交通信号灯、过街设施或人行横道的路口时，应在确认安全后再通行。

（4）不在道路上拦车、追车、扒车或抛物击车。

（5）不在道路上使用滑板、旱冰鞋等滑行工具，如图 7-1 所示。

图 7-1　不在道路上使用滑板等滑行工具

（6）不钻、跨人行护栏或道路隔离设施，不擅自进入交通管制区。

（7）不在仅限机动车行驶的高架道路、高速公路及其他禁止行人进入的道路上行走。

（8）不边走路边玩手机。

（9）雨天出行，尽量远离高大树木或变压器、高压线等；夜间出行，尽量选择在有路灯的道路上行走，并且最好携带照明用具。

不做低头族

（10）经过寝室楼或居民楼时，最好不要逗留，以免被高空掉落的物体（如花盆等）砸伤。

## 法制专栏

### 《中华人民共和国道路交通安全法实施条例》对行人行路的规定

《中华人民共和国道路交通安全法实施条例》（以下简称《道路交通安全法实施条例》）第七十四条规定，行人不得有下列行为。

（1）在道路上使用滑板、旱冰鞋等滑行工具。

（2）在车行道内坐卧、停留、嬉闹。

（3）追车、抛物击车等妨碍道路交通安全的行为。

《道路交通安全法实施条例》第七十五条规定，行人横过机动车道，应当从行人过街设施通过；没有行人过街设施的，应当从人行横道通过；没有人行横道的，应当观察来往车辆的情况，确认安全后直行通过，不得在车辆临近时突然加速横穿或者中途倒退、折返。

### （二）骑车安全危机的预防

自行车、电动自行车是大学生日常生活中重要的交通工具。大学生要想避免发生交通事故，必须掌握一定的骑车安全常识。

（1）骑车时应走非机动车道，若没有划分非机动车道，应在道路右侧通行。

（2）骑车时应按交通信号灯、交通标识和交通标线通行，遇有交警在现场指挥时，应按交警的指挥通行；在没有交通信号灯的道路上行驶时，应在确保安全的情况下通行。

（3）确保车闸、车铃等齐全、正常。

（4）按规定让行，不随意“加塞”。

（5）骑车时集中注意力，不玩手机。

（6）转弯前必须减速慢行，向后观望，不突然转弯。

（7）通过陡坡、横穿四条以上机动车道或途中车闸失效时，必须下车推行。

（8）不双手离把、手中持物或攀扶其他车辆。

（9）不牵引车辆或被其他车辆牵引。

（10）不扶身并行、互相追逐或曲折竞驶。

（11）不擅自在非机动车上安装机械动力装置。

（12）不违反规定载物、载人。

（13）不酒后骑车。

### （三）驾驶机动车安全危机的预防

部分大学生在校期间已经考取驾驶执照，可能会驾驶机动车出行。为了确保驾驶安全，大学生应遵守交通规则，做到以下几点。

（1）礼让车辆、行人，开车不赌气。

（2）注意劳逸结合，开车不打盹。

（3）养成良好习惯，开车不喝酒。

### （四）行路安全危机的应对

为应对行路安全危机，大学生应做到以下几点。

（1）当路遇机动车向自己飞驰而来时，应立即向路边躲避，以免与其发生正面碰撞或被其他机动车碰撞。

（2）在事故发生后，应立即拨打 122 交通事故报警电话，若伤员伤势严重，则还应拨打 120 急救电话进行求助。在医务人员到来之前，应采取初步急救措施，如止血、包扎等。

（3）若肇事者逃逸，则需要记下肇事车的车牌号、车型、颜色及逃逸方向等（见图 7-2），并迅速报警，请求警方帮助追查肇事车。

图 7-2　记下肇事车的相关信息

## 二、乘坐交通工具安全危机的预防与应对

大学生在乘坐交通工具时，应做好安全危机预防工作，在遇到事故时应采取正确、合理的应对方法。

### （一）乘坐公共交通工具安全危机的预防与应对

#### 1. 乘坐公共交通工具安全危机的预防

乘坐公共汽车、电车、地铁列车时，应在站台或指定地点候车，不可在站台外或安全线外候车，待车停稳后排队上车，先下后上。乘车时不得携带易燃易爆物品、腐蚀物品、有毒物品等，如图 7-3 所示。上车后若没有座位，则应抓紧扶手或椅背。下车时，应注意台阶和往来车辆。

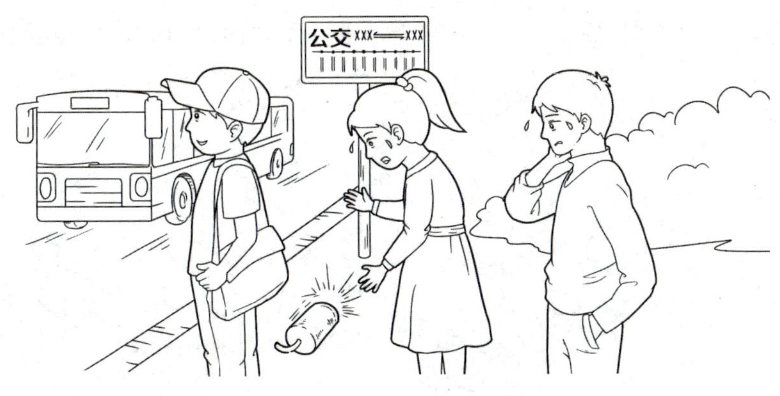


图 7-3 乘车时不得携带违禁物品

### 2. 乘坐公共交通工具安全危机的应对

在乘坐公共交通工具时，若车辆在行驶过程中起火，则应立即用衣物捂住口鼻，等车辆停稳后从车门、车窗逃生，然后迅速撤离到安全地点，不要围观。若地铁列车着火，则可使用车厢内的灭火器进行扑救；若火势较大，则应立即拨打 119 报警电话。

若车辆在行驶过程中失控，则应紧紧抓住前排座椅或旁边的护栏，低下头，利用手臂或前排座椅靠背保护头部，同时还应保持镇定，不大声喊叫，不指挥司机，不在车速较快时跳车。若有人员伤亡，则应及时施救并拨打 120 急救电话进行求助。

## （二）乘坐出租车安全危机的预防与应对

### 1. 乘坐出租车安全危机的预防

在夜间搭乘出租车或网约车时，要记住车牌号、营运证号码等信息。上车后，若发现司机浑身酒气、衣着不整，应想办法下车。乘车途中不睡觉，随时注意行车路线并保持警惕。此外，不搭乘没有牌照或非法运营的黑车。

网约车安全乘坐指南

到达目的地后，按计价器显示的金额付费并索要发票。下车时，注意观察后方来车，不贸然开门，避免“开门杀”（见图 7-4）。

### 2. 乘坐出租车安全危机的应对

单独乘坐出租车时（尤其在晚上），即使是正规出租车，也要提高警惕，尽量坐在后排，还要随时注意行车路线，一旦发现异常，马上下车或呼救。此外，可以在上车后，与家人或朋友联系，并大声地告诉对方自己所乘车辆的车牌号、目的地及预计到达时间。若在乘坐出租车时发生车祸，则应立即拨打 122 交通事故报警电话。若伤势严重，则应立即拨打 120 急救电话进行求助。若在乘坐出租车时遇到抢劫，则应保持冷静，千万不要抵抗，以自身安全为重，不要激怒对方，以免受到伤害。

图 7-4 “开门杀”

法制专栏

## 《道路交通安全法实施条例》对乘车人的规定

《道路交通安全法实施条例》第七十七条规定，乘坐机动车应当遵守下列规定。

（1）不得在机动车道上拦乘机动车。

（2）在机动车道上不得从机动车左侧上下车。

（3）开关车门不得妨碍其他车辆和行人通行。

（4）机动车行驶中，不得干扰驾驶，不得将身体任何部分伸出车外，不得跳车。

（5）乘坐两轮摩托车应当正向骑坐。

### （三）乘坐火车安全危机的预防与应对

#### 1．乘坐火车安全危机的预防

乘坐火车时，不要长时间停留在车厢连接处，若有贵重物品，则应随身携带。

#### 2．乘坐火车安全危机的应对

若所在的火车车厢意外失火，则不要打开车门、车窗，以免火借风势扩大蔓延，应用湿毛巾或衣服捂住口鼻，奋力向列车前部转移，因为火车运行时火是向后蔓延的。若情况紧急必须紧急撤离车厢时，工作人员会立即采取紧急制动措施停车，待列车停稳后再迅速打开车门、车窗撤离。当车门、车窗不能正常开启时，可使用消防锤或锐器砸碎车门或车窗玻璃逃生。

遭遇火车脱轨、相撞等重大安全事故时，可趴下并牢牢抓住座椅等牢固物体，低头将下颌贴紧前胸，以保护自己的头部和胸部。车厢内出现突发治安事件时，应首先确保自己的人身安全，不轻举妄动，尽量将信息传递给火车上的工作人员，协助其抓获犯罪分子。

### （四）乘坐飞机安全危机的预防与应对

#### 1. 乘坐飞机安全危机的预防

乘坐飞机时，应认真听乘务人员的讲解，了解救生设备的使用方法，系好安全带，不乱动救生设备。

#### 2. 乘坐飞机安全危机的应对

发生意外时，应保持冷静并听从乘务人员的指挥；收回小桌板，保证自己所在一排的逃生通道通畅；打开遮阳板，保证视线良好；摘下眼镜，取出口袋里的坚硬物品（如钢笔等），防止这些物品对身体造成伤害。

### 砥节砺行

#### “中国机长”刘传健

7 时 08 分，机长刘传健驾驶 3U8633 航班飞行在 9 800 米的成都上空，驾驶舱右风挡玻璃突然出现裂纹。刘传健发现后立即向地面管制部门发出备降信息，并让副驾驶发出 7700 遇险信号。此时，玻璃碎裂向外四散，驾驶舱门自动打开，座舱失压，自动驾驶设备故障，飞机剧烈抖动，情况万分危急。刘传健忍受着极端低温、缺氧、强风和巨大噪音的恶劣条件，实施全手动操作。他左手紧握方向杆，尽力控制飞机状态，右手竭力去拉位于左侧的氧气面罩，飞机迅速左转飞向成都双流机场，并开始紧急下降。由于设备损坏和风噪，他无法得知飞行数据，无法通过耳机与地面建立正常双向联系。

在此情况下，刘传健凭借精湛技术和丰富经验，在充分考虑地形和安全高度的前提下控制航速和航迹，凭手动和目视，靠毅力掌握方向杆，操控飞机艰难下降。7 时 46 分，刘传健操纵飞机以近乎完美的曲线安全降落成都双流机场。面对 34 分钟的极限考验，刘传健以无一失误的手动操作，与机组有序配合，无惧生死，力挽狂澜，确保了 119 名旅客和 9 名机组人员的生命安全，创造了航空史上的奇迹。

（资料来源：中国军网，有改动）

## 三、交通事故应急处置

若发生交通事故或发现交通事故，则一定要保持头脑清醒，迅速对事故做出判断，并采取合理的措施。

### （一）及时报案

发生交通事故后，要及时报案，这样做不仅有利于事故的公证处理，而且可以避免与肇事者私了时可能产生的各种冲突。除了及时向相关部门报案外，还应及时与学校取得联系，由学校出面处理相关事宜。

### （二）保护现场，协助调查

相关部门对事故现场的勘查结论是划分责任的主要依据之一。若事故现场没有保护好，不仅会给交通事故处理带来困难，还会导致大学生在交通事故处理中不能依法维护自己的合法权益，同时也给肇事者逃脱处罚提供了机会。切记发生交通事故后要保护好事故现场，防止肇事者故意破坏，伪造现场，毁灭证据。

### （三）控制肇事者

若肇事者想要逃脱，则一定要设法加以控制，不能自己制止的，可以发动周围的人帮忙。若实在无法控制，则必须记住肇事车辆的车牌号、车辆特征及肇事者的个人特征。

### （四）及时救助伤员，做好自救与互救

在交通事故中若发现有伤员，则应及时拨打 120 急救电话进行求助。同时，要保护好现场，防止因救助而破坏了现场。为了抢救伤员，若必须要移动肇事车辆、伤者等，则必须要在原地做好标记，同时要特别注意伤情处理，做好自救与互救，以防造成其他损伤。

### （五）做好交通事故认定，依据法律进行处理

交通事故发生时，当事人最好不要自行协商处理，应根据法律条文要求进行妥善处理，报警后要协助交通警察收集各种现场证据，做好交通事故认定。当事人收到交通事故认定书后，要对交通事故赔偿，如有争议，可请求交通管理部门协调处理，也可直接向人民法院提起民事诉讼。

## 课后互动

（1）以小组为单位，结合所学知识，简要阐述哪些行为有利于大学生安全地乘坐交通工具出行。

（2）以小组为单位，自编自导自演，模拟交通工具险情发生情境，体验险情发生时可采取的有效应对措施。

笔记

# 第三节 侵害防范

大学生是祖国的未来，他们的安全不仅直接影响着个人的健康成长和光明前途，还影响着校园和社会的安全、稳定。大学生必须掌握预防与应对抢劫、性侵害等的措施，保障人身安全和财产安全。

## 一、抢劫

抢劫（见图 7-5）是指以非法占有为目的，以暴力、胁迫或其他方式将公私财物据为己有的一种犯罪行为。这类犯罪行为侵犯了他人的人身、财产权利，具有极大的社会危害性。

图 7-5 抢 劫

### 案例 9 图书馆前一学生被两名歹徒持刀抢劫

某日，一名 20 岁的大学生小林途经某市图书馆时，突然冲出两名年轻男子，抢走了她的随身背包和一部手机，并将其捅成重伤。随后，这两名男子在另一名男子的接应下乘摩托车逃离了现场。事发当日 22 时左右，小林被送往市医院进行抢救，已脱离生命危险。案发后，市、区两级公安机关经过连续奋战，于第二天，在该市一家游乐场的大门口成功抓获了两名犯罪嫌疑人。

> 民警提醒：女生晚上出门，最好与朋友结伴而行，避免单独出行，要增强自我保护意识，提高警惕，尽量走灯火明亮、往来人员较多的公共场所的大道，避免独自走人迹较少的偏僻小路，同时要注意身后是否有异常情况。当发现有人跟踪时，应立即改变路线，快速向灯光较亮、行人集中的地方走，就近进入热闹的商店或有治安人员的地方，或者找最近的人家援助，同时与家人、朋友取得联系。
>
> （资料来源：中国青年网，有改动）

## （一）抢劫的主要特点

### 1．作案时间集中

犯罪分子多在夜晚实施抢劫，此时行人稀少，作案后能快速逃离现场且很难被人发现。

### 2．作案地点隐蔽

犯罪分子一般选择在偏僻或地形复杂、光线较差的地点实施抢劫，这些地点易于藏身，方便逃脱，如图 7-6 所示。

图 7-6　作案地点隐蔽

### 3．作案目标特定

犯罪分子的作案对象多为穿着时尚、携带贵重物品、单独行走的大学生，在行人较少的地方约会的大学生情侣，以及在学校周边租房居住或兼职打工的、有一定活动规律的大学生。此外，很多大学生喜欢边走路边看手机，难以发觉有人跟踪或靠近自己，这给犯罪分子实施抢劫提供了机会。

### 4．作案人员结伴

从抢劫的实际案例看，作案人员大多不止一个。犯罪分子往往拉帮结派，共同作案，团伙内部分工明确，有的负责望风、有的负责抢劫、有的负责销赃。

### 5. 作案手段多样

犯罪分子通常有以下几种作案手段：① 暴力威胁或言语恐吓大学生，然后实施抢劫；② 设圈套诱骗大学生上当后，实施抢劫；③ 冒充老乡或朋友骗取大学生的信任，继而将其麻醉，实施抢劫；④ 使用摩托车等交通工具，一人骑车、一人抢夺大学生的财物，然后快速逃离现场，如图 7-7 所示。

图 7-7 “飞车”抢夺

## （二）抢劫的预防

### 1. 遵守校纪校规

为确保大学生的安全，高校都会规定大学生不得擅自在校外租房、不得晚归、按时就寝等。但总有一部分大学生无视校纪校规，晚归或夜不归宿，从而成为犯罪分子抢劫的对象。

### 2. 外出结伴不独行

遭遇抢劫者多为独行者。为了保护自身安全，大学生晚上外出务必结伴而行，独自外出最好避开偏僻的地方。到银行或 ATM 存取款时，最好邀请同学陪伴，让其帮忙留意附近可疑人员，如图 7-8 所示。

图 7-8 结伴存取款

### 3．不要携带过多贵重物品

手机、电脑、相机等贵重物品和现金是犯罪分子抢劫的主要目标，大学生外出时应尽量少携带贵重物品和现金（见图 7-9）。平时将多余现金存入银行，身上只带少量现金。若携带较多贵重物品和现金返校，则乘车时最好选择公共交通工具。

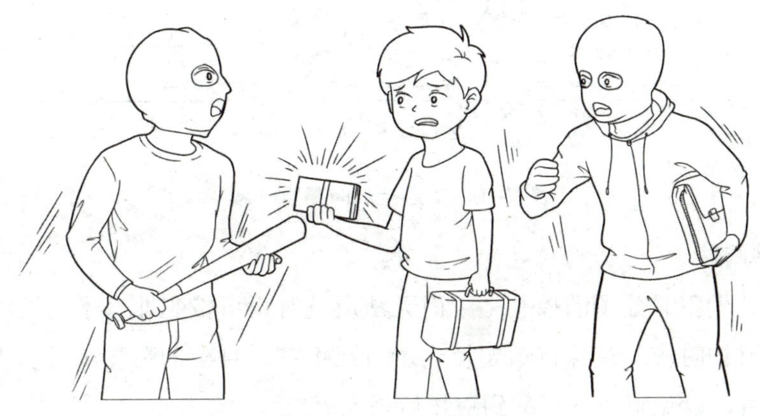

图 7-9　携带现金遭遇抢劫

### 4．不走偏僻小道

为避免被抢劫，大学生应选择走行人较多的道路。尤其在夜间，不走偏僻小道，不在光线昏暗的僻静处行走、逗留，即使是光线好的地方，若路上已无其他行人，则也不应长时间逗留。若在外租房或经常在外兼职，则应警惕犯罪分子掌握自己的活动规律。

### 5．在娱乐场所保持警惕

大学生在网吧、酒吧等娱乐场所时，应时刻保持警惕，保管好自己的手机、钱包等物品。娱乐场所鱼龙混杂，一些犯罪分子时常出入其中实施抢劫。

## （三）抢劫的应对

### 1．高声呼救

大学生若在人员较为密集的场所遭遇抢劫，可高声呼救（见图 7-10），寻求周围人的帮助。犯罪分子既有胆大妄为、凶恶的一面，往往也有心虚的一面，大学生遭遇抢劫时故意高声说话，可能会使对方紧张、害怕，从而放弃作案。

### 2．设法制服

在自身具备反抗能力或时机有利的情况下，可以将犯罪分子制服或使其丧失继续作案的能力。但需要注意的是，若犯罪分子身材魁梧或手持匕首、棍棒等作案工具，则最好不反抗，以确保自己的人身安全。

图 7-10　遭遇抢劫时高声呼救

### 3．巧妙周旋

大学生处于犯罪分子的控制之下而无法反抗时，可按犯罪分子的要求交出部分财物。交出财物时应尽量保持镇定，表示自己不在乎身上的财物，只要确保自己的人身安全即可，以免犯罪分子拿到财物后杀人灭口。

### 4．及时报案

在遭遇抢劫的过程中，大学生应尽量观察并记住犯罪分子的特征，如年龄、身高、发型、衣着、口音等。之后及时报案（见图 7-11），向警方提供上述信息，协助警方破案。

图 7-11　及时报案

## 砥节砺行

### 见义勇为模范陈江桥

某日，陈江桥在家中休息时，突然听到邻居的求救声，他来不及多想，就冲到邻居吴某家中，只见一名歹徒手持匕首从背后卡住吴某女儿的脖子，而站在一旁的吴某手部已被匕首划伤，正要上前救女儿。

陈江桥见情况危急，冲上前去与歹徒奋力搏斗，从屋内扭打至门口，直至滚至楼梯中间平台。歹徒挣脱后夺路而逃，陈江桥追了几步因失血过多支撑不住倒在地上。在群众及赶到现场的民警、医务人员的帮助下，陈江桥被紧急送往医院抢救。经医生检查，陈江桥所受伤为颈项部、胸背部、右中指等多处刀伤，伤口累计长度约 39.2 厘米。其中，右腰背部伤口深达胸腹腔，右肾、右肝均被刀刺伤，颈项部差点伤及动脉。而该歹徒逃后不到半小时，就在公安机关的追捕攻势下，主动投案自首。

陈江桥是一名退伍军人，在部队时他工作认真负责，对自己要求严格，退伍后也保持军人的本色，对朋友热情仗义，碰到不平事总会“插手”，为人热心、实诚、充满正义感。陈江桥也因此荣获了“第七届福建省见义勇为模范称号”。

（资料来源：中国长安网，有改动）

## 二、性侵害

性侵害是危害大学生人身安全，影响大学生健康成长的主要安全问题之一。即便犯罪分子最终受到了法律制裁，但给受害者带来的阴影往往难以抹除，有的甚至伴随受害者一生。因此，大学生了解一些性侵害的知识，掌握一些防范措施是非常必要的。

### 案例 10　女生被性侵

某日，女大学生金某在济南火车站转车去西客站时误上了一辆黑车，随后被黑车司机绑架，囚禁 4 天。其间，遭遇多次殴打、恐吓、强奸、性虐。随后，该女大学生趁犯罪嫌疑人不备，偷偷用手机发出求救短信。济南警方接到报警后，在两小时内将犯罪嫌疑人抓获，同时成功解救了受害女大学生。

警方提醒，女孩独自外出搭车时须注意的 7 个细节：① 不坐黑车；② 不与陌生人拼车；③ 记下车牌号；④ 坐司机后面位置；⑤ 夜间记得开窗；⑥ 随时注意行车路线；⑦ 不暴露自己手机是否有电。

（资料来源：网易网，有改动）

### （一）性侵害的主要类型

#### 1．暴力型性侵害

暴力型性侵害是指犯罪分子使用暴力手段实施性侵害，如携带凶器威胁、劫持受害者并使用言语恐吓受害者，然后对受害者实施猥亵、强奸等。暴力型性侵害的实施主体比较复杂，有社会人员也有校内人员。

#### 2．流氓滋扰式性侵害

流氓滋扰型性侵害的主要形式包括：① 有意接触受害者的隐私部位；② 对受害者暴露生殖器等变态式性滋扰；③ 向受害者寻衅滋事，用污言秽语挑逗受害者或对受害者做出下流动作等。流氓滋扰型性侵害主要发生在公共交通工具上或人少的场所。

#### 3．胁迫型性侵害

胁迫型性侵害是指犯罪分子利用自己的权势、地位、职务等，采用利诱、威胁、恐吓等手段对受害者实施精神控制并实施性侵害，如图 7-12 所示。

图 7-12　胁迫型性侵害

#### 4．社交型性侵害

社交型性侵害是指受害者的同学、朋友等对受害者实施的性侵害。现代大学开放式的管理模式给大学生创造了广阔的交友空间，但由于大学生缺乏社会经验和防范意识，在社交活动中容易成为犯罪分子实施性侵害的对象。

### （二）易遭性侵害的场所

（1）公园假山、树林内。

（2）车站、码头附近。

（3）没有路灯的街道、小巷，废弃的工厂，正在施工的大楼等。

（4）大桥下。

（5）校园内的值班室、仓库。

（6）公共卫生间。

（7）影院、舞厅、酒吧等公共娱乐场所。

### （三）性侵害的预防与应对

#### 1．增强防范意识，提高识别能力

大学生应增强防范性侵害的意识（见图 7-13），具体可以做到以下几点：① 婉言拒绝不熟悉的异性的馈赠和邀请，不向其透露自己的身份、住址等信息；② 在公共卫生间、教室、酒吧等场所随时注意是否有遭受性侵害的可能性；③ 参加社交活动与异性单独相处时要有所防备，不过量饮酒；④ 夜间外出结伴而行，走明亮、行人较多的道路。

图 7-13　增强防范性侵害的意识

大学生只有增强防范意识，提高识别能力，才能及时对性侵害行为采取防范措施，从而有效地保护自己。

#### 2．行为端正，态度明确

大学生行为举止应该端正，不轻浮，对可疑的异性应表明自己的态度。如果自己态度明确（见图 7-14），则对方有可能会打消实施性侵害的念头；如果自己态度暧昧，模棱两可，则对方就可能心存幻想，继续纠缠。在拒绝对方的要求时，可以讲明道理，耐心地说服对方，不出言嘲讽、挖苦，以免激怒对方。

图 7-14　态度明确

### 3．及时求助，运用法律武器保护自己

对于失去理智、纠缠不清的无赖或违法犯罪分子，大学生应大胆揭发其阴谋或罪行，及时向老师报告，学会依靠组织和运用法律武器保护自己；不接受“私了”，因为“私了”常会使犯罪分子得寸进尺，从而留下安全隐患。

### 4．学习防身术，提高防范能力

大学生可以学习一些防身术，以防范性侵害。女性的体力一般弱于男性，防身时要把握时机，出奇制胜，做到快、准、狠，即使不能制服对方，也可制造逃离险境的机会，如图 7-15 所示。同时，留意犯罪分子的特征，以便公安机关追捕犯罪分子。

图 7-15　防身时出奇制胜

## 课后互动

（1）以小组为单位，自编自导自演，模拟抢夺、抢劫情境。观摩的大学生指出该情境中有哪些行为易招致抢夺，哪些行为可以有效地防止财物被抢。

（2）以小组为单位，就以下问题进行交流、讨论。

★ 如何与异性交往？

★ 恋爱与性侵犯之间存在怎样的关系？

笔记

# 第四节　急救安全

当险情发生时，时常需要报警求助和抢救伤员。在报警时快速、准确地告知实情，以及在急救人员赶到之前对伤员采取急救措施，都能有效地减少灾害带来的伤害和损失。

## 一、常用急救方法

大学生学会人工呼吸、心肺复苏术、海姆立克急救法、常用止血方法、常用包扎方法等急救方法后，可以在遇到突发情况时，帮助受伤或患病的人。

### （一）人工呼吸

在日常生活中，我们随时都有可能遇到有人呼吸骤停的意外状况。若能掌握正确的急救方法，对患者实施现场急救，就可以在医务人员到来之前获取更多的机会来挽救患者的生命。通常，人工呼吸是现场急救的重要手段。常用的人工呼吸方法有口对口人工呼吸和口对鼻人工呼吸两种。

#### 1. 口对口人工呼吸

（1）在时间允许的情况下，应迅速将患者转移至空气流通的地方，使患者平躺在地上或牢固的木板上，解开患者的衣领、领带、腰带等，以免外在因素对患者的胸部、腹部造成束缚，影响通气。

（2）跪在患者身体的一侧，用一只手按压患者的前额，另一只手抬起患者的下颌，迫使患者张口，迅速检查其口腔、鼻腔内是否有呕吐物或其他异物，并尽可能地将其清理干净。

（3）保持患者头部后仰的姿势，深吸一口气，用一只手捏紧患者的鼻子，另一只手按压患者的下颌，张开嘴巴贴紧患者的嘴巴（要将患者的嘴巴完全包住），将气体吹入患者体内。同时，要注意患者的胸腔是否明显隆起，若有，则表明吹气量足够多，此时应放开捏住患者鼻子的手，以便患者从鼻孔呼气。

#### 2. 口对鼻人工呼吸

当患者的嘴巴因口腔外伤或其他原因而不能张开时，施救者可对其实施口对鼻人工呼吸，具体操作方法如下。

（1）用一只手按压患者的前额，另一只手抬起患者的下颌，使患者的嘴巴紧闭。

（2）深吸一口气，用嘴巴包住患者的鼻孔，用力向患者鼻孔内吹气，直到患者的胸腔隆起。

（3）停止吹气，让患者被动呼气。

### （二）心肺复苏术

心肺复苏术是一种对呼吸或心搏骤停、意识丧失的患者所采取的现场急救方法。心肺复苏术常适用于救治因心脏病、溺水、电击、雷击、严重创伤、大出血等而造成呼吸或心搏骤停的患者。采用心肺复苏术可帮助患者恢复自主呼吸和血液循环。

心肺复苏的方法

#### 1．检查患者的呼吸与脉搏

拍打患者的双肩，大声呼唤患者。如果患者没有任何反应，则说明其已经失去意识，情况十分危急。

此时，施救者应将耳朵贴近患者的口鼻，判断其有无呼吸。同时，用食指和中指轻压患者的颈动脉 5～10 秒，检查患者的颈动脉是否搏动；或用手掌轻压患者的左胸口，检查患者的心脏是否正常跳动。

#### 2．使患者保持仰卧体位

使患者仰卧在平地或木板上，头部与躯干保持在同一水平线上（头部不得高于胸部）。若患者俯卧或侧卧在地上，应一手扶住患者颈后部或后脑勺，一手置于患者腋下，同时翻动患者的头部与躯干，将患者调整为仰卧体位，如图 7-16 所示。

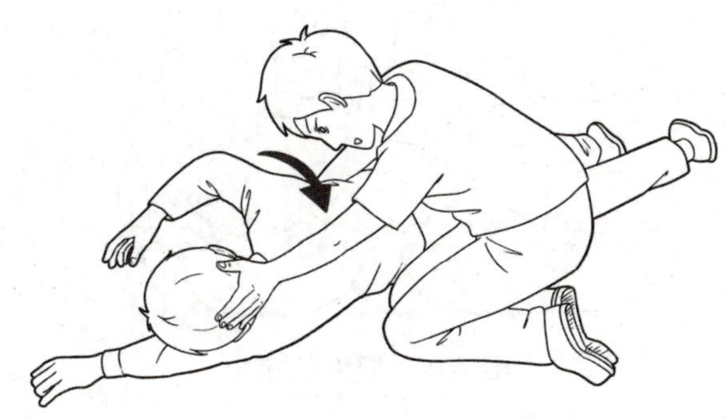

图 7-16　将患者调整为仰卧体位

#### 3．清理口腔异物和解开束缚物

迅速清理患者口腔内的异物（如脱落的假牙、口香糖、呕吐物等）。清理方法如下：双手扶住患者的头部，并使其头部偏向一侧，进而使其口腔内的液体状异物流出，其间还可以用手指掏取口腔内的异物。同时，应立即解开影响患者呼吸的领带、腰带等束缚物。

4．进行胸外心脏按压

胸外心脏按压的正确位置（见图 7-17）为胸部中央。施救者应先将左手的手掌置于患者胸部中央，右手的手掌置于左手的手背上，双手十指相扣，上身前倾，双臂垂直，以自身的髋关节为轴，凭借上身的力量向下按压患者胸骨，如图 7-18 所示。

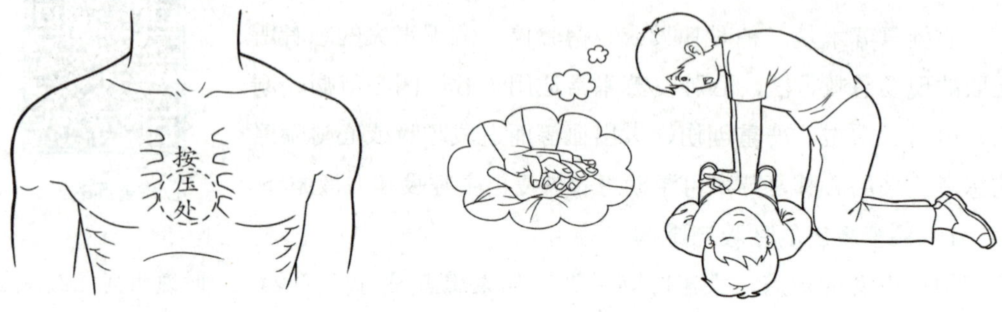


图 7-17　胸外心脏按压的正确位置　　图 7-18　胸外心脏按压

每次按压后应立即放松，在患者的胸腔充分回弹后再按压，并重复上述动作，其间手不可离开患者的胸骨。

5．打开气道

丧失意识后，患者可能因舌头后坠而阻塞呼吸道，此时应采用仰头提颌法（见图 7-19）使其呼吸道保持畅通。在患者呼吸道畅通后，应及时对其进行人工呼吸，帮助其恢复自主呼吸。

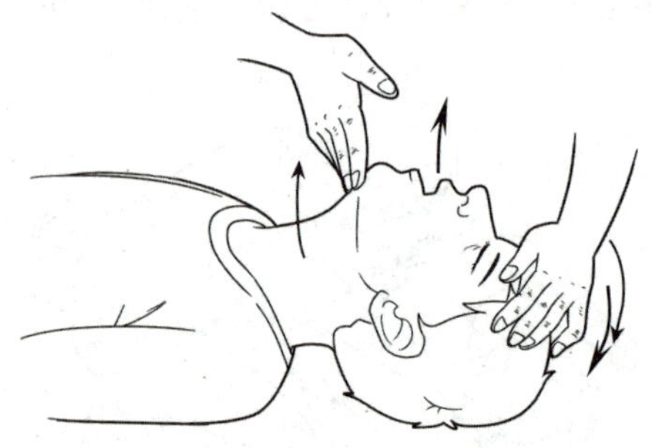

图 7-19　仰头提颌法

知识链接

### 托颌法打开气道

怀疑患者有颈椎损伤时，须用托颌法开放气道。把手放置在患者头部两侧，肘部支撑在患者所躺的平面上，握紧下颌角，用力向上托下颌，如患者紧闭双唇，可用拇指把口唇分开。

### 6. 循环进行胸外心脏按压和人工呼吸

在实施心肺复苏术时，每做 30 次胸外心脏按压就做 2 次人工呼吸（见图 7-20），重复 5 次上述动作后，检查患者的反应和呼吸。若患者仍无反应和呼吸，则应重复上述步骤，直至医务人员赶到或患者恢复心跳与呼吸。

图 7-20 人工呼吸

## （三）海姆立克急救法

海姆立克急救法常用于对食物堵塞气管者和溺水者进行急救。患者处于不同状态时，施救者应采取不同的急救方法进行施救。

### 1. 患者处于清醒状态

若患者处于清醒状态，施救者应站于患者身后，两臂绕至患者腰前抱紧，一手握拳，以拇指侧顶住患者肋骨之下的上腹部，另一只手握紧握拳之手，连续、快速地向后使劲，给患者腹部施加压力。如此重复数次，直至患者将异物喷出，如图 7-21 所示。在急救过程中，应提醒患者，让其将头部略微低垂，张开嘴巴，以便异物喷出。

图 7-21 对清醒者实施海姆立克急救法

### 2. 患者处于昏迷状态

若患者处于昏迷状态，施救者应使患者以仰卧姿势躺在地上，使患者嘴巴张开，然后双腿分开跨坐在患者腿上，双手叠放，用手掌根部顶住患者上腹部进行快速冲击，并观察患者口中是否有异物喷出，如图 7-22 所示。若发现有异物喷出，则应迅速清理；若没有异物喷出，则应继续按压患者上腹部，直至有异物喷出。

图 7-22　对昏迷者实施海姆立克急救法

### （四）常用止血方法

在校园生活中，大学生往往会因受伤而出血。若失血过多，就可能导致器官功能受损，严重的甚至会导致失血性休克。因此，大学生学会如何止血对保护自己和救助他人都有重要意义。

根据血液流出后的停留位置，可将出血分为外出血和内出血两类。其中，外出血是指血液从皮肤伤口流出体外的情况；内出血是指血液从血管流出停留在体内的情况，如脑出血、胃出血、肾上腺出血等。对于外出血，可以采用冷敷法、抬高伤肢法、压迫法等方法止血；对于内出血，则主要依靠药物和手术止血。

外出血常用的止血方法主要有以下几种。

#### 1．冷敷法

冷敷法常用于急性闭合性软组织损伤，如肌肉拉伤、关节韧带拉伤等。冷敷法的具体操作步骤如下：用湿毛巾包裹冰块敷于伤处，若无冰块，也可用冷水冲洗伤处或用湿毛巾敷于伤处。使用这种方法止血，能够起到消炎、止血、止痛的作用。

#### 2．抬高伤肢法

抬高伤肢法主要用于四肢出血的情况。抬高受伤的手臂或腿，使伤口处的血压降低，从而达到减少伤口血流量、抑制伤口出血的目的。

#### 3．压迫法

此法包括指压法、绷带加压包扎法和止血带法。

（1）指压法：用手指指腹压在出血处近心端的动脉上，以阻断伤口附近的血液流动的止血方法。这种止血方法常用于动脉出血的情况，操作简便，止血迅速。

## 身体不同部位出血的动脉管压迫方法

**额部、颞部出血**：用一只手扶住伤员的头，用另一只手的拇指在耳屏前上方一指宽处摸到颞浅动脉搏动后，将该动脉压迫在颞骨上，可止同侧额部、颞部出血，如图 7-23 所示。

**眼以下面部出血**：在下颌角后约 3 厘米处（咬肌附近）摸到面动脉搏动后，用拇指将面动脉压迫在下颌骨上，可止同侧面部出血，如图 7-24 所示。

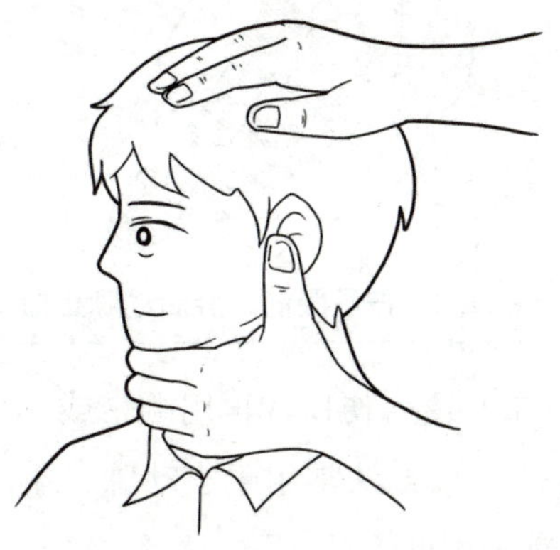

图 7-23　按压颞浅动脉止血

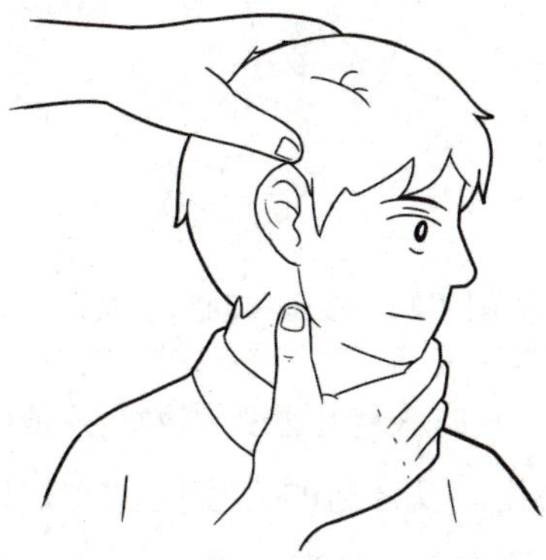

图 7-24　按压面动脉止血

**肩部和上臂部出血**：在锁骨上窝内 1/3 处摸到锁骨下动脉搏动后，用拇指把该血管压迫在第一肋骨上，可止同侧肩、腋部及上臂出血。

**前臂和手出血**：将伤臂稍微外展、外旋，在肱二头肌内缘中点处摸到肱动脉搏动后，用拇指将该动脉压迫在肱骨上，可止同侧前臂和手部出血，如图 7-25 所示。

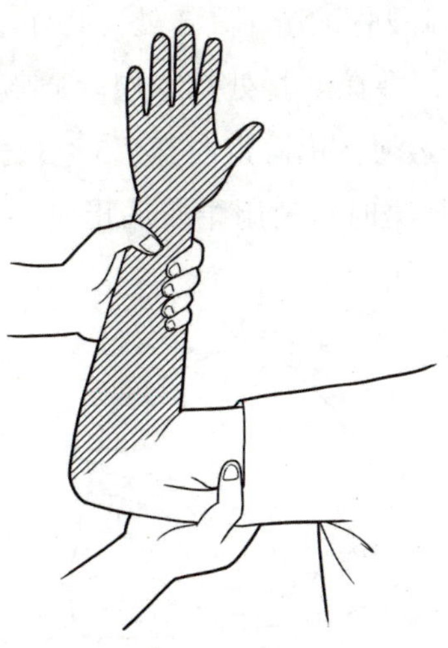

图 7-25　按压肱动脉止血

**大腿和小腿出血**：使伤员仰卧，将受伤的腿稍微外展、外旋，在腹股沟中点稍下方摸到股动脉搏动后，用双手拇指重叠将该动脉压迫在大腿上，可止同侧下肢出血，如图 7-26 所示。

**足部出血**：在踝关节背侧，于胫骨远端摸到胫前动脉搏动后，将该动脉压迫在胫骨上；在内踝后方，将胫后动脉压迫在胫骨上，可止足部出血，如图 7-27 所示。

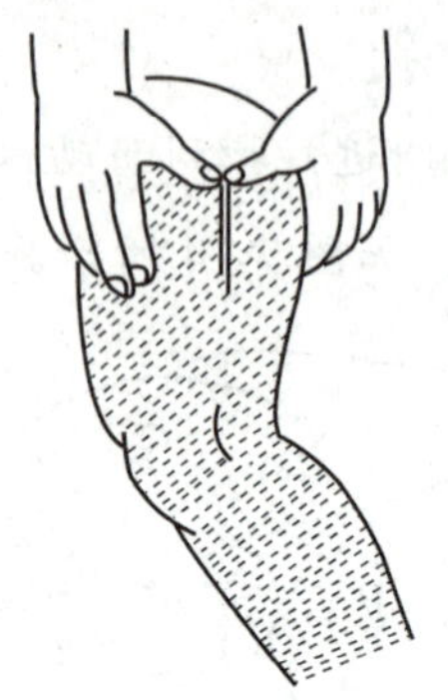

图 7-26 按压股动脉止血

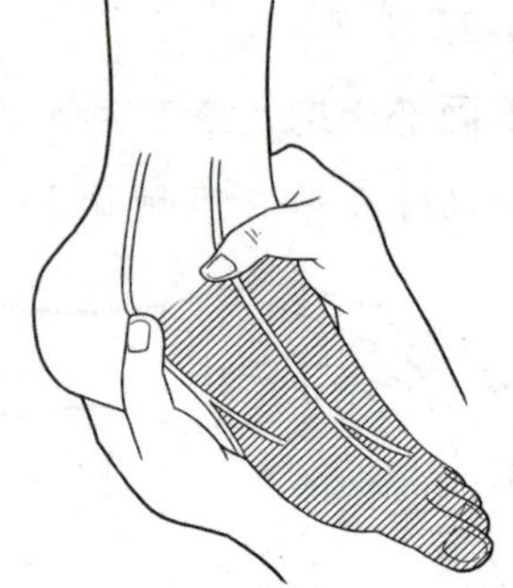

图 7-27 按压胫前、胫后动脉止血

（2）加压包扎法：用数层无菌敷料（如纱布）覆盖伤口，再用绷带或三角巾等加压包扎，以合适的力度压住伤口以止血的方法。该方法常用于小动脉、小静脉和毛细血管出血的情况。若伤处发生骨折，则不宜采用此方法。

（3）止血带法：橡皮止血带（如橡皮条、橡皮带等）、布制止血带（如宽布条、三角巾、毛巾等）或绳子等绑扎在伤口近心端，从而抑制动脉血流至伤口。当伤员四肢大血管出血凶猛，且采用其他止血方法依然不能止血时，适合采用止血带法止血。

若上肢大出血，应将止血带绑扎在伤员上臂的上 1/3 处，如图 7-28 所示；若下肢大出血，应将止血带绑扎在股骨的中下 1/3 处。此外，在绑扎止血带前，要先将伤肢抬高，尽量使静脉血回流，并在结扎处垫一层软质敷料，以免损伤皮肤。绑扎上止血带后，每隔 0.5～1 小时必须将止血带松开，3～5 分钟后再绑扎好，以防组织因长时间缺氧而坏死。放松止血带时可暂用指压法止血。

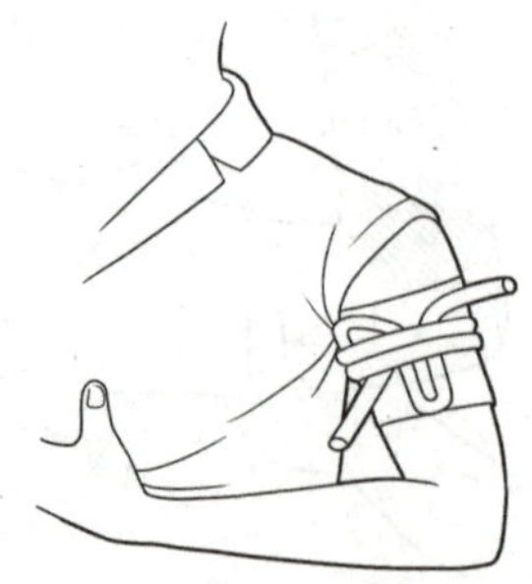

图 7-28 上肢大出血时采用的止血带法

创新强国

### 西南大学研发出新型快速止血材料

西南大学一博士带领研究团队研发出一种新型快速止血材料——速凝棉。通过实验测试，速凝棉在动物的耳动脉、肝脏止血只需要 15 秒。研究还证明速凝棉可以在动物体内从多糖的纤维素降解为单糖分子，被直接吸收，无残留，具有极好的生物相容性，可以用于临床手术、止血等多个领域。

目前，我国市面上吸收性止血材料止血效果有限，且大部分市场份额被国外价格昂贵的产品占据，速凝棉的成功研发有效改善了这一状况。

（资料来源：上游新闻网，有改动）

## （五）常用包扎方法

包扎是指采用包扎材料对体表伤口进行覆盖或固定的行为。包扎是处理外伤时常用的急救技术之一，可以起到止血、保护伤口、固定敷料和夹板的位置、扶托受伤肢体、减轻伤员痛苦等作用。

### 1. 包扎的要求

（1）迅速检查伤口情况，判断伤情，迅速采取急救措施。

（2）妥善处理伤口，首先用消毒的棉球蘸酒精擦拭伤口周围，除去油污，然后用 25%的碘酒棉球消毒伤口周围皮肤。包扎伤口的材料，尤其是直接覆盖伤口的纱布要确保无菌。

创伤救助——包扎与止血方法

（3）包扎不要过紧，以免影响血液循环；也不能过松，防止纱布脱落或移位。

（4）包扎打结或用别针固定的位置，应在肢体外侧或前面，避免在伤口或坐卧能压到的部位。

（5）包扎要迅速敏捷，动作要轻巧，不要碰着或感染伤口，以免引起疼痛、出血和感染。

### 2. 常用的包扎材料

包扎时常用的材料主要有以下几种。

- **三角巾：**用一块边长 1 米的正方形棉布，沿对角剪开就变成两条三角巾。在三角巾的顶角加上带子，便于包扎时使用。
- **条带：**将三角巾的顶角折向底边中央，然后再折叠成一定宽度的条带。

- **燕尾巾**：将三角巾的顶角向底边偏左或偏右折叠成燕尾巾。两尾夹角的大小，可根据包扎部位不同而定。
- **绷带**：标准长 6 米，但宽度可根据需要选择。从一头卷起的称为单头带，从两头卷起的称为双头带。
- **四头带**：将一条绷带两端剪开，就成了四头带。四头带的长短可根据不同的包扎部位而定。
- **就地取材**：如果现场缺少常规包扎材料，可利用身边的衣服、毛巾、手绢等。

### 3. 为头面部包扎的方法

（1）头部帽式包扎法（见图 7-29）：将三角巾底边向上折叠约二指宽，平放于前额眉上，顶角向后拉盖住头顶，然后将两底边沿两耳上方向后拉至枕部下方，左右交叉压住顶角，并将顶角掖入枕部交叉处，两底角绕至前额打结。

图 7-29　头部帽式包扎法

（2）头、耳部风帽式包扎法：将三角巾顶角和底边中点各打一个结，顶角结放于前额正中处，头部套入风帽内，将两底角向下拉紧，再将底边向外反折约三指宽的边，左右交叉包绕兜住下颌，再将两底角拉至枕部打结。

（3）单眼带式包扎法：将三角巾折叠成四指宽的带形，斜放于受伤侧眼部，从受伤侧耳下绕至枕部，再经眼部，从受伤侧耳下绕至枕部，再经健侧耳下拉至前额与另一侧带交叉反折，再绕头一周，于健侧耳下打结。

（4）双眼“8”字形包扎法：将三角巾叠成四指宽的带形，中部放在枕部，两底角分别经耳下拉至两眼部，在鼻梁处左右交叉各包一眼，成“8”字形，经两耳上的枕部交叉后再绕至下颌处打结。

### 4. 为胸部包扎的方法

将三角巾底边横放于伤侧胸，顶角上拉经伤侧肩至背后，然后把左右两底角拉到背后打结，再和顶角相结即可，如图 7-30 所示。

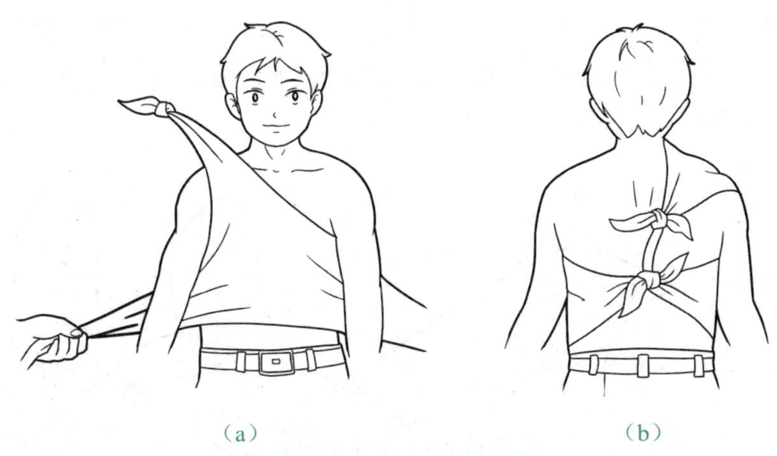


图 7-30 为胸部包扎的方法

5．为下腹部包扎的方法

将三角巾顶角朝下，底边横放腹部，将两底角在腰后打结，然后将顶角由两腿间拉至腰后与底角打结。

6．为四肢包扎的方法

（1）单肩燕尾式包扎法。将三角巾折成夹角约 80° 的燕尾巾。夹角朝上，向后的一角压住向前的一角，放于伤侧肩部，燕尾底边包绕上肩在腋前打结，然后两燕尾角分别经胸和背部拉到对侧腋下打结。

（2）双肩燕尾式包扎法。将三角巾折叠成两燕尾角等大的燕尾巾。夹角朝上，对准颈后正中。左右两燕尾由前往后包绕肩部到胸下，与燕尾底边打结。

（3）膝（肘）关节包扎法（见图 7-31）：先用绷带一端在伤口处的敷料上环绕两圈，然后斜向经过关节，绕肢体半圈再斜向经过关节，绕向原开始点相对处，再绕半圈回到原处。这样反复缠绕，每缠绕一圈就盖住前一圈绷带的 1/3～1/2，直到完全覆盖伤口。

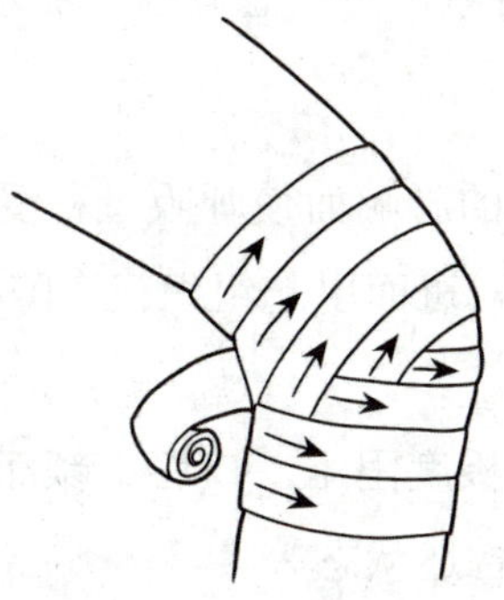

图 7-31 膝关节包扎法

（4）手（足）部包扎法（见图 7-32）：① 将三角巾底边横放于腕（踝）部，手掌（足底）向下放在三角巾中央；② 将顶角反折盖在手背（足背）上；③ 将两底角交叉压住顶角，在腕（踝）部绕一圈打结。

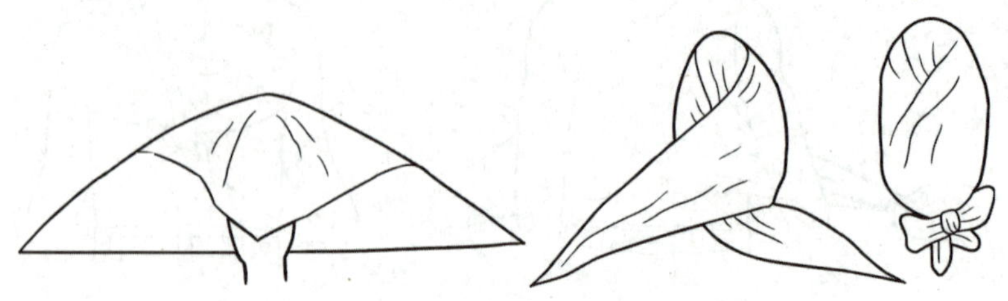

图 7-32　手（足）部包扎法

## 二、常见急症救护

在生活中，我们有可能遇到昏厥、窒息、休克、气体中毒、脑震荡、关节损伤、骨折、烫伤与烧伤等急症。大学生加深对这些急症的了解，学会如何处理这些急症，对保障校园安全具有重要意义。

### （一）晕厥

晕厥又称昏厥，是指因脑部短暂缺血引起的暂时性意识丧失。导致昏厥的原因主要包括低血压、低血糖、大量失血、剧痛、过敏、神经性刺激等。

对于出现昏厥症状的患者，大学生应采取以下措施进行急救。

（1）立即使患者平躺，保持头低脚高的体位，解开其衣领、腰带，双手从患者的下肢向其心脏部位加压按摩，促进血液流向患者的脑部。

（2）拇指用力按压患者的人中穴（上嘴唇正中的凹痕处）、少冲穴（小拇指的指甲根下面）。

（3）若患者因血糖低而昏厥，可给患者喂食糖水或含糖食物（如糖果等）。

### （二）窒息

窒息是指人体受某些因素的影响而使呼吸过程受阻或异常。窒息会导致身体各器官组织缺氧和二氧化碳潴留，进而引起组织代谢障碍、功能紊乱和结构损伤。

#### 1．窒息的症状

窒息的症状通常包括呼吸极度困难，口唇、颜面青紫，瞳孔散大，心跳速度加快但搏动微弱，陷入昏迷或半昏迷状态等。

### 2．窒息的急救

大学生进行窒息急救时，应首先判断导致患者窒息的原因，再采取相应的急救措施。

（1）对于因异物阻塞呼吸道而窒息的患者，应将其下颌向上抬，使其头部后仰，用手指或吸引器将其口、咽部的血块、痰液及其他异物清理掉。当异物滑入气管时，应使患者俯卧，并用拍背或压腹的方法帮助其排出异物。若异物排出后患者仍未恢复正常呼吸，则应当立即对其进行人工呼吸，并拨打 120 急救电话。

（2）对于因颈部受制而窒息的患者，应立即松开或解开束缚其颈部的物品，使其恢复正常呼吸。

（3）对于因一氧化碳中毒而窒息的患者，应迅速将其移动到通风处，松开其衣领、腰带，并拨打 120 急救电话，将其送往有高压氧舱的医院抢救。

（4）对于因疾病而窒息的患者，应迅速拨打 120 急救电话，将其送往医院抢救。

## （三）休克

休克是指人体在受到各种严重致病因素侵袭后发生的细胞急性缺氧病症。导致患者休克的原因主要包括重伤、大出血、剧痛、感染、过敏等。休克极易导致患者死亡，因此大学生发现有人出现休克症状时，必须及时抢救。

休克的急救方法如下。

（1）立即拨打 120 急救电话，并检查患者的呼吸、脉搏，若有外伤且伤口正在出血，则应立即止血。

（2）让患者仰卧平躺，垫高患者双脚（见图 7-33），以促进静脉血回流。

图 7-33　让患者仰卧平躺并垫高患者双脚

（3）若患者呼吸困难，可将患者的头部和肩部垫高，以便患者呼吸，有条件时应给患者吸氧。若患者呼吸停止，则应立即对其进行人工呼吸。

（4）给患者盖上毯子或被子保暖。

（5）不随意搬动患者，若有条件，可检测并记录患者的血压、体温，并给患者注射肾上腺素等进行急救。

（6）耐心等待救护车到来，配合医务人员进行急救。

### （四）气体中毒

人在吸入有毒气体后会产生各种不良反应，如头晕、恶心、呕吐、昏迷、痉挛、皮肤溃烂、呼吸困难等，甚至会休克或死亡。

若发现有人气体中毒，大学生应采取以下急救措施。

（1）立即将患者转移至空气清新、通风良好的地方。若患者因一氧化碳中毒，大学生应俯身进入现场，并迅速打开门窗，使室内通风，再立即将患者转移至安全的地方。

（2）解开患者的衣领、腰带，使其呼吸通畅，必要时对其进行人工呼吸和胸外心脏按压。

（3）对中毒严重者，应让其卧床休息并吸氧，同时拨打 120 急救电话，将其送往医院接受专业治疗。

（4）若患者昏迷，则应将其头部偏向一侧，以防患者因舌头后坠或误吸入异物而窒息。此外，还可用手指掐患者的人中穴，促使其恢复意识。

### （五）脑震荡

脑震荡是指头部遭受外力作用后发生的暂时性脑神经功能障碍。大学生在做体操、踢足球、打篮球时，可能会因意外磕碰、摔倒等使头部遭受外力作用而导致脑震荡。

#### 1. 脑震荡的症状

发生脑震荡后，伤员会立即出现意识丧失、呼吸浅慢、脉搏微弱、肌肉松弛、瞳孔放大等症状；清醒后，伤员也常会出现头晕、头痛、恶心、失眠、耳鸣、情绪不稳、注意力不易集中、记忆力衰退等症状。

若伤员出现以下症状中的一种，则表明伤情较重，大学生必须立即将其送往医院：① 昏迷时间超过 5 分钟；② 两侧瞳孔大小不对称；③ 耳、鼻出血或流清水；④ 咽后壁、眼球出现青紫；⑤ 剧烈头痛、呕吐或再度昏迷。

#### 2. 脑震荡的急救

当发现有人出现脑震荡症状时，大学生应采取以下急救措施。

（1）立即让伤员平卧休息，不可让伤员坐着或站着。

（2）用冷毛巾敷伤员头部的受伤部位。

（3）若伤员昏迷，则可用手指掐其人中穴；若伤员停止呼吸，则应立即对其进行人工呼吸。

（4）尽快将伤员送至医院进行全面检查和治疗，切忌因其状态良好而不去检查，以免留下暗伤或隐患。

（5）在伤员恢复期内，保持环境安静，让其卧床休息，直至头痛、头晕等症状消失。

### （六）关节损伤

关节是人体进行各种运动的支撑点，很容易因剧烈运动或运动过度而损伤。常见的关节损伤有以下两种。

#### 1．关节韧带损伤

关节韧带损伤是指关节受外力牵引、扭转的力度超过韧带耐受力而造成的韧带损伤及关节附近其他软组织结构损伤。

关节韧带损伤的症状包括关节肿胀、皮下瘀血、关节功能障碍等。对于一般性关节韧带损伤，可在 24 小时内冷敷受伤关节（见图 7-34），并在必要时进行加压包扎，在 24 小时后采用按摩、针灸等方法进行治疗。若伤员症状较严重，则应及时将伤员送往医院接受专业治疗。

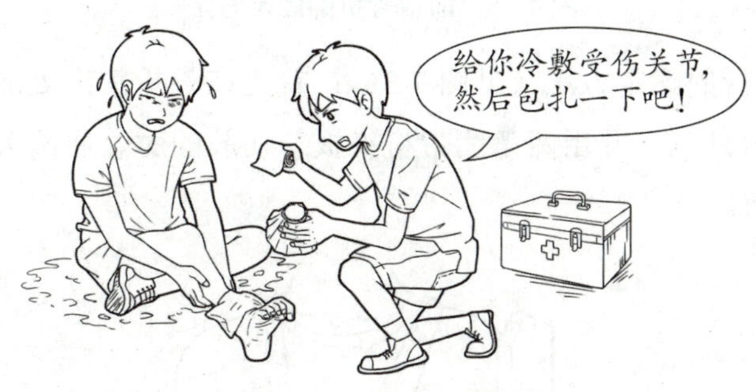


图 7-34　冷敷受伤关节

#### 2．关节脱位

关节脱位又称脱臼，是指构成关节的上下两个骨端发生脱离或错位。关节脱位大多是暴力作用所致。关节脱位的症状包括关节疼痛、关节肿胀、关节功能障碍、关节畸形等。

当发现有人关节脱位时，应用三角巾、夹板、绷带等固定伤员的伤肢，并及时将伤员送往医院进行治疗，切不可随意进行关节整复手术，以免引起更为严重的关节损伤。

### （七）骨折

骨折是指在外力作用下，骨头折断、发生裂纹或变成碎块。常见的骨折有肱骨骨折、尺（桡）骨骨折、手指骨折、小腿骨折和肋骨骨折等。骨折后，伤员会疼痛难忍，还会出现伤处肿胀、肢体功能障碍、肌肉痉挛、骨折部位畸形等症状。若骨折情况比较严重，伤员可能会出现出血、发烧、休克等症状。

常见的骨折固定方法如下。

（1）前臂骨折的固定方法（见图 7-35）：首先在骨折突出处加垫敷料，然后将长度超过肘关节和腕关节的两块夹板分别置放在前臂的掌侧和背侧，并用绷带或三角巾将伤肢与夹板打结固定，然后用绷带或三角巾等将固定好的前臂悬挂于胸前。

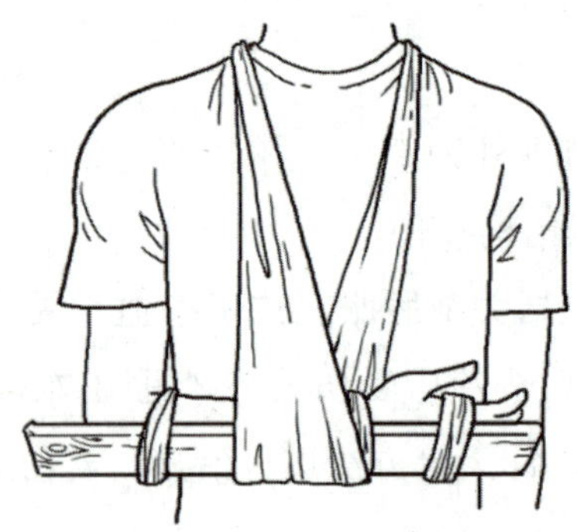

图 7-35　前臂骨折的固定方法

（2）上臂骨折的固定方法（见图 7-36）：首先在骨折突出处加垫敷料，然后将一块夹板放在伤臂外侧，并用两条绷带将夹板与伤肢的肘、肩两关节固定，再将前臂屈曲悬挂于胸前。

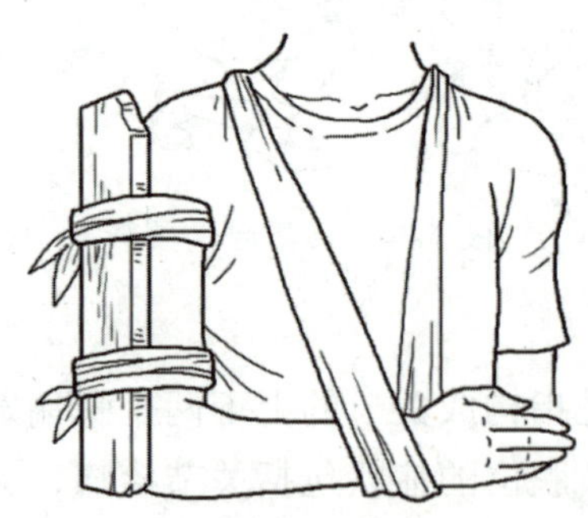

图 7-36　上臂骨折的固定方法

（3）小腿骨折的固定方法（见图 7-37）：首先在骨折突出处加垫敷料，然后将长度超过大腿中部和脚跟的夹板置于骨折小腿外侧，再用绷带分段固定伤口的上下

两端和膝、踝关节，并使脚掌与小腿垂直。若无夹板，可在膝、踝部垫好敷料后，将伤肢与健肢并列对齐固定。

图 7-37　小腿骨折的固定方法

（4）大腿骨折的固定方法（见图 7-38）：首先在骨折突出处加垫敷料，然后将长度为从腋下至脚跟的夹板置于伤肢外侧并固定。

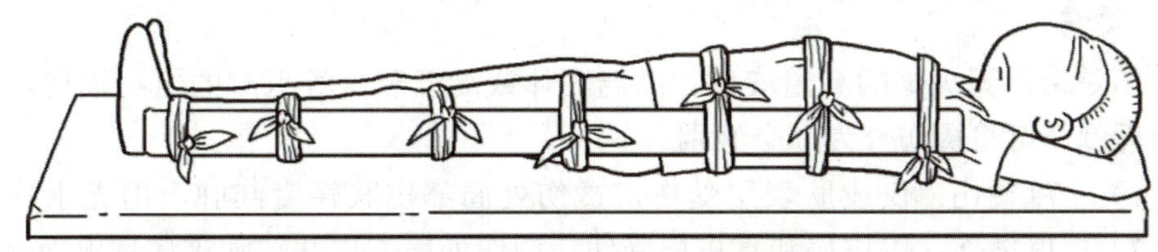

图 7-38　大腿骨折的固定方法

（5）脊椎骨折的固定方法（见图 7-39）：将伤员平托起来放到硬木板上，并使其仰卧，然后用绷带将伤员的胸、腹、髂、膝、踝部固定在木板上。在脊椎骨折急救过程中，千万不能使用软担架搬运或徒手搬运伤员，以免伤员的脊椎弯曲和扭转。

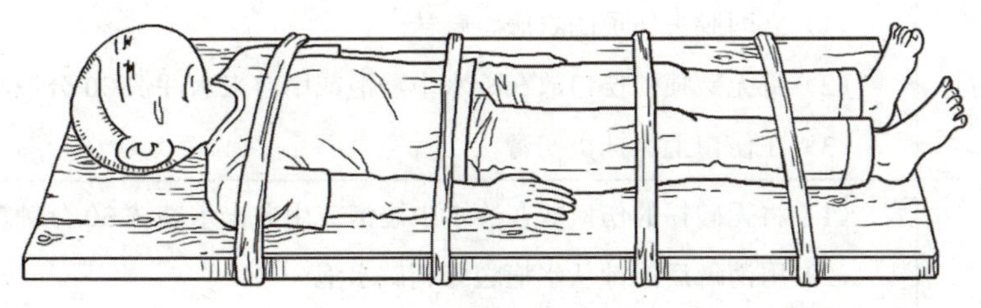

图 7-39　脊椎骨折的固定方法

（6）颈椎骨折的固定方法（见图 7-40）：让伤员仰卧在木板上，并尽快给伤员安上颈托，无颈托时可用沙袋、衣服或棉垫填塞住伤员头部两侧、颈下、肩部两侧，以防头部左右摇晃，然后用绷带或三角巾将伤员的额头、下巴尖、胸部固定于木板上。

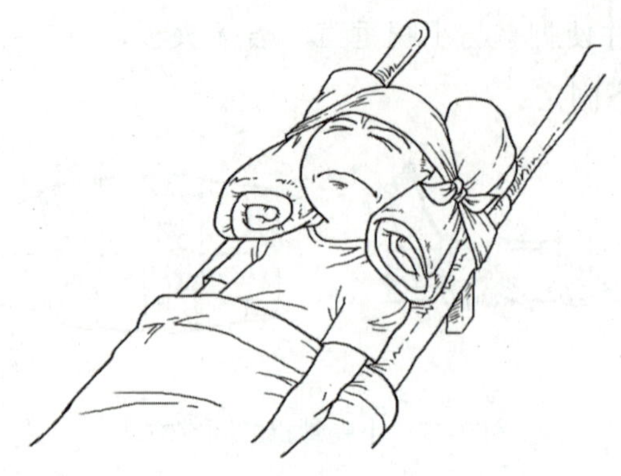

图 7-40 颈椎骨折的固定方法

## （八）烫伤与烧伤

### 1. 烫伤

烫伤是指由无火焰的高温液体、高温固体或高温蒸气等引起的组织损伤。根据烫伤的程度，可将烫伤分为 3 个级别。

（1）一度烫伤：仅皮肤表层受伤，烫伤处局部皮肤轻度红肿，但无水疱。

（2）二度烫伤：表皮层和真皮层受伤，烫伤处局部皮肤红肿疼痛且出现水疱。

（3）三度烫伤：伤及脂肪层、肌肉、骨骼，烫伤处呈灰色或红褐色。

大学生在救治伤员时，应根据伤员的烫伤情况采取合理的急救措施。不同烫伤级别对应的急救措施如表 7-1 所示。

表 7-1 不同烫伤级别对应的急救措施

| 烫伤级别 | 急救措施 |
| --- | --- |
| 一度烫伤 | （1）立即脱去伤员的衣服、鞋袜<br>（2）将无破损的伤口放在冷水中浸泡或用自来水冲洗 30 分钟左右<br>（3）在伤口上涂抹烫伤膏 |
| 二度烫伤 | （1）将无破损的伤口放在冷水中浸泡或用自来水冲洗 30 分钟左右<br>（2）用消毒后的针从水疱边缘刺破水疱<br>（3）在伤口上涂抹烫伤膏<br>（4）对伤口进行包扎 |
| 三度烫伤 | （1）用干净的布包住伤口，并及时前往医院治疗<br>（2）切忌用冷水冲洗或浸泡伤口，以免引起皮肤溃烂，加重伤势；也不可在伤口上涂抹紫药水或烫伤膏，以免影响医生对伤情的判断<br>（3）若伤员因严重烫伤而出现心跳骤停、呼吸困难等症状，则应立即对其进行人工呼吸和胸外心脏按压 |

### 2．烧伤

常见的烧伤类型有热力烧伤、化学烧伤、电烧伤等。其中，热力烧伤是指由火所致的人体组织损伤；化学烧伤是指由接触强酸、强碱等化学物质所致的人体组织损伤；电烧伤是指由电流通过人体产生热效应所致的人体组织或器官损伤。

大学生在救治伤员时，应根据伤员的烧伤情况采取合理的急救措施。不同烧伤类型对应的急救措施如表 7-2 所示。

表 7-2　不同烧伤类型对应的急救措施

| 烧伤类型 | 急救措施 |
| --- | --- |
| 热力烧伤 | （1）迅速移开燃烧物体，若身上着火，则应立即采取有效措施灭火，以免伤员的伤势加重<br>（2）若烧伤程度较轻，则可先清洗伤口，然后用湿毛巾冷敷，待伤员疼痛感减弱或消失后，在伤口上涂抹烧伤油等，最后用干净的绷带、三角巾、衣服、床单等将伤口包扎起来，以免伤口感染<br>（3）若烧伤程度较重或烧伤部位特殊（如脸部、呼吸道、生殖器等），则应立即将伤员送往医院进行救治 |
| 化学烧伤 | （1）使伤员迅速脱离污染物，并立即用自来水冲洗伤口 20～30 分钟；若污染物可与水发生反应，则应先用干毛巾擦去污染物，再用自来水冲洗伤口<br>（2）若烧伤程度较深，则应立即将伤员送往医院进行救治 |
| 电烧伤 | （1）切断电源或用绝缘体将伤员与带电物分离<br>（2）当伤员失去知觉时，先检查其呼吸和心跳，若呼吸或心跳停止，则应立即就地采用心肺复苏术进行急救<br>（3）电烧伤后，伤员一般会受到较严重的体内损伤，因此应当立即将伤员送往医院进行救治 |

### 课后互动

以小组为单位，自编自导自演以下场景。

★ 模拟在火灾、交通事故等情形下拨打报警电话或急救电话求助的情境，观摩的大学生注意指出报警人电话内容中的疏漏之处。

★ 模拟溺水、割伤、心脏骤停、脚踝扭伤、一氧化碳中毒、休克等情形下的急救情境。

# 第五节 游泳安全

游泳是一项有益身心但风险较大的运动，游泳者稍有不慎就有可能发生溺水事故。近年来，虽然国家、社会、学校对大学生游泳安全问题十分重视，但溺水事故仍频频发生，给不少家庭带来了沉重的打击。因此，大学生应对游泳安全问题给予足够的重视。

### 案例11 河中游泳，溺水身亡

某日17时30分左右，王某、曾某、吴某、邱某4人在某大桥下游泳。邱某先带游泳圈下水游至河中间，后将游泳圈抛向王某、曾某、吴某3人，王某在捡游泳圈时不慎掉入河中，并将吴某一同拉入水中。路过群众见状，将吴某救上岸，但王某已沉入水里，邱某在游向岸边的过程中也沉入水里。

民警赶到后，于19时20分左右将王某打捞上岸，22时40分左右将邱某打捞上岸。经确认，两人均已溺亡。

（资料来源：腾讯网，有改动）

## 一、游泳注意事项

大学生在游泳前和游泳过程中，应注意以下事项。

（1）在疲倦、饱食、饥饿、生病、酗酒状态下，均不宜游泳。

（2）游泳时间一般不宜超过两个小时。这是因为人在水中停留时间过长，体温调节功能就会遭到破坏，很容易导致人体失温。

### 提示

失温一般是指人体流失的热量大于补给的热量，从而造成人体核心区（大脑和躯干）温度降低，使人产生寒战、意识不清、心肺功能衰竭等症状，甚至可能致人死亡。

（3）游泳后，应立即用干毛巾擦去身上的水渍。这样既可避免身体温度过低，又可排出残留在鼻腔、耳部的水。

（4）如果发现有人溺水，要大声呼救，并采用正确的施救方法进行施救。未熟练掌握救生技能者，不要擅自施救。

### 案例12 救人不成反溺亡

某日晚上，某市一对情侣发生争吵，男子不慎落入河中，同行朋友施救时也落入河中。5名路过的大学生手拉手组成人梯施救，其中大学生何某和罗某不慎落水。周围热心市民赶来，将最初落水的男子及其朋友救起，两人脱离了生命危险。令人遗憾的是，何某和罗某却不幸溺亡，两人均只有21岁。

（资料来源：新浪网，有改动）

## 二、游泳溺水的预防

为预防游泳溺水，大学生需要做到以下几点。

（1）不独自去未开放的江、河、湖、海游泳，不到水情不明或易发生溺水事故的地方游泳，去游泳馆游泳时尽量结伴而行。

（2）清楚自己的身体健康状况，易抽筋者不宜游泳，更不要到深水区游泳。下水前做好准备活动（见图7-41），如果水温太低，则应先在浅水区用水淋洗身体，待适应水温后再下水。

图7-41 下水前做好准备活动

（3）不贸然跳水和潜泳，下水后不逞强，更不能相互打闹，以免呛水和溺水。不在急流处和漩涡处游泳。

（4）在游泳过程中，如果突然感觉身体不适，如出现眩晕、恶心、心慌、气短等症状，要立即上岸休息（见图7-42）或大声呼救。

图 7-42　感觉身体不适时要立即上岸休息

## 三、溺水的自救要领与自救方法

掌握正确的溺水自救要领与自救方法，往往能够使自己脱离险境。

### （一）溺水的自救要领

溺水时，溺水者通常十分恐慌，会本能地挣扎，但这样做只会适得其反。正确的做法如下。

（1）保持镇定，屏住呼吸，放松全身，去掉身上的重物，同时要睁开眼睛，观察周围的情况。

（2）一旦身体停止下沉、开始上浮，溺水者可将双手掌心朝下，从身体两边顺势向下划水。注意划水的节奏，向下划水要快，向上抬臂要慢，同时双脚像爬楼梯一样用力交替向下蹬，以加速上浮。当身体上浮时，应将头向后仰，争取先将口、鼻露出水面。

（3）一旦口、鼻露出水面，应立即呼吸，注意呼气要浅，吸气要深。尽可能保持面部向上的姿势，等待救援。

（4）如果在水深 2～3 米且底部坚硬的水域溺水，可在触底时用脚蹬地，以加速上浮。上浮后如果再次下沉，可继续在触底时蹬地，如此反复，直到救援人员到来。

### 案例 13　落水女孩漂浮水面等来救援

某日，在某市一公园内，某市民晚上锻炼完走路回家，路过该公园池塘时，发现水面上漂着一个女孩。该市民回忆称，当时池塘边有工作人员拿着手电筒巡逻，当手电筒的光照到女孩脸上时，女孩被晃得连连皱眉。随即，工作人员将其救上岸。据了解，该女孩不小心落水，因不会游泳，只好漂浮在水面上等待救援。

（资料来源：澎湃新闻网，有改动）

## （二）溺水的自救方法

### 1．水中抽筋的自救方法

如果在水中抽筋，不能惊慌，应立即停止游动，吸一口气仰面浮于水面（见图 7-43），然后根据抽筋部位采用适当的方法进行自救。

图 7-43　仰面浮于水面

（1）小腿抽筋时，可使身体呈仰卧姿势，用手握住抽筋腿的脚趾，用力向上拉，使腿伸直，并用另一条腿踩水，用另一只手划水，以帮助身体上浮，反复多次，直至好转。

（2）两手抽筋时，应迅速握紧拳头，再用力伸直，反复多次，直至好转。

抽筋情况好转后，应换一种姿势游回岸边，以防再次抽筋。

### 2．水草缠身的自救方法

遇到水草缠身时，要保持镇静，切勿手脚乱动，以免水草缠得更紧；应憋一口气潜入水中，用双手扯下水草。

### 3．深陷漩涡的自救方法

有漩涡的地方，一般水面常有垃圾、树叶等打转。游泳时，如果发现漩涡，应尽快远离；如果已经接近漩涡，切勿潜入水中，应沿着漩涡边缘快速游离漩涡。

### 4．疲劳过度的自救方法

感觉寒冷或疲劳时，应马上游回岸边。如果离岸太远或过度疲劳，可放松身体，仰浮在水面上，以保存体力，同时举起一只手，等待他人救援。如果没有他人救援，就继续仰浮在水面上，待体力恢复后再游回岸边。

## 课后互动

以小组为单位，就以下问题进行交流、讨论。

（1）你经常游泳吗？一般是独自前往还是结伴而行？

（2）当有人溺水求救时，你会如何做？

笔记

# 综合测试

## 一、填空题

（1）在顶岗实习期间，大学生若发现异常情况或发生安全事故，应及时向________________和________________报告，在不了解处理办法的情况下，不得擅自处理，以免发生二次事故。

（2）为避免被抢劫，大学生应选择走行人较____________的道路，在夜间不走_____________。

（3）________________是指受害者的同学、朋友等对受害者实施的性侵害。

（4）在外出血常用的止血方法中，__________常用于急性闭合性软组织损伤，如肌肉拉伤、关节韧带拉伤等。

## 二、单项选择题

（1）参加社会实践时，下列做法中正确的是（　　）。

A．通过中介机构找兼职时，最好选择无证经营或信誉差的中介机构

B．将身份证、学历证、毕业证等交给中介机构

C．尽量不到酒吧、歌舞厅等娱乐场所工作

D．在开始工作前，不与用人单位签订劳务协议

（2）步行时，下列做法中正确的是（　　）。

A．走右侧人行道，若没有划分人行道，则应靠左侧路边行走

B．通过没有交通信号灯、过街设施或人行横道的路口时，应在确认安全后再通行

C．在仅限机动车行驶的高架道路、高速公路上行走

D．边走路边玩手机

（3）游泳时间一般不宜超过（　　）个小时。

A．0.5　　　　B．1　　　　C．1.5　　　　D．2

## 三、简答题

简述海姆立克急救法的操作方法。

## 学习成果评价

指导老师根据学生的实际学习成果对学生进行评价，学生配合指导老师共同完成表 7-3 所示的学习成果评价表。

表 7-3　学习成果评价表

<table>
<tr><td>班级</td><td></td><td>组号</td><td colspan="2"></td><td>日期</td><td></td></tr>
<tr><td>姓名</td><td></td><td>学号</td><td colspan="2"></td><td>指导老师</td><td></td></tr>
<tr><td>学习成果/模块名称</td><td colspan="6">校外生活安全</td></tr>
<tr><td>评价项目</td><td colspan="3">评价内容</td><td>评价方式</td><td>满分/分</td><td>评分/分</td></tr>
<tr><td rowspan="3">知识<br>40%</td><td colspan="3">实习实训安全和交通安全</td><td rowspan="3">理论测试</td><td>15</td><td></td></tr>
<tr><td colspan="3">侵害防范</td><td>10</td><td></td></tr>
<tr><td colspan="3">急救安全和游泳安全</td><td>15</td><td></td></tr>
<tr><td rowspan="5">技能<br>40%</td><td colspan="3">安全行路及乘坐交通工具</td><td rowspan="5">实践操作</td><td>8</td><td></td></tr>
<tr><td colspan="3">防范抢劫及性侵害</td><td>8</td><td></td></tr>
<tr><td colspan="3">正确进行人工呼吸、心肺复苏、海姆立克急救、止血及包扎</td><td>8</td><td></td></tr>
<tr><td colspan="3">救护昏厥、窒息、休克等常见急症患者</td><td>8</td><td></td></tr>
<tr><td colspan="3">在水中遇到特殊情况时能够自救</td><td>8</td><td></td></tr>
<tr><td rowspan="5">素养<br>20%</td><td colspan="3">积极参加教学活动，主动学习、思考、讨论</td><td rowspan="5">综合评判</td><td>6</td><td></td></tr>
<tr><td colspan="3">认真负责，按时完成学习任务</td><td>4</td><td></td></tr>
<tr><td colspan="3">谦虚勤勉，能够认识到自己的不足</td><td>4</td><td></td></tr>
<tr><td colspan="3">团结同学，热情友善</td><td>4</td><td></td></tr>
<tr><td colspan="3">守正创新，自信自强</td><td>2</td><td></td></tr>
<tr><td colspan="5">合计</td><td>100</td><td></td></tr>
<tr><td>自我评价</td><td colspan="6"></td></tr>
<tr><td>指导老师评价</td><td colspan="6"></td></tr>
</table>

## 安全小讲堂

### 扫一扫

就业季的陷阱

交通安全常识

交通事故的自救与互救

出境安全须知

校园运动安全

# 第八章

# 应对自然灾害

# 第一节　气象灾害的应对

气象灾害是指因天气或气候异常而引起的灾害，如台风、雷电、高温、洪涝、冰雹、霜冻、沙尘暴、严寒等灾害。下面主要介绍几种常见的气象灾害。

## 一、台风灾害

台风是指发生在西北太平洋和南海海域，中心附近最大风力达 12 级或以上（风力共有 18 级，最小为 0 级，最大为 17 级）的热带气旋。

台风具有以下特点：① 一般发生于夏秋季节，最早发生于 5 月初，最晚发生于 11 月，以 7～9 月最为频繁；② 风向不定，预报中心登陆地点难度大；③ 破坏性较强；④ 常伴有暴雨和大规模的海浪。

### （一）台风来临前的准备工作

台风来临前，大学生可以从以下几个方面做好准备工作。

（1）及时收听、收看天气预报，了解台风预警信息（见图 8-1）。

图 8-1　了解台风预警信息

（2）关紧门窗，检查门窗玻璃是否牢固，若不牢固，则可用胶带等进行加固。

（3）将窗台上的花盆和其他杂物移入室内，以防其掉落伤人。

（4）准备好手电筒、充电宝等，以备停电时使用。

（5）储备一些食物和饮用水。

### （二）台风灾害的应对

台风登陆时，为确保生命和财产安全，大学生应采取以下应对措施。

（1）尽快返回室内或找建筑物躲避。

（2）通过小巷时，谨防围墙、电线杆倒塌；走在高大建筑物下时，应注意躲避高空坠物；尽量少走高楼之间的狭长通道，以免受狭管效应影响，产生危险，如图 8-2 所示。

图 8-2 狭长通道有危险

**提示**

狭管效应又称峡谷效应，是指气流由开阔地带通过高楼之间或峡谷时，风速和风力明显增大的现象。

（3）不在广告牌和树下长时间逗留。

（4）不骑自行车、电动自行车，因为强风容易使这些交通工具失去控制，进而引发交通事故。

## 案例 1 台风“杜苏芮”登陆，各地积极应对

某年 7 月 28 日上午，台风“杜苏芮”于福建省晋江市沿海登陆，登陆时中心附近最大风力达 15 级，具有风力强、雨量大、影响范围广、持续时间长等特点。针对此种情况，各地迅速采取措施积极应对。截至 7 月 28 日 16 时，福建省紧急避险转移 31 万多人，集结各级救援力量 5 万多人，设备 3 万多套，并陆续投入抢险救援。

受台风“杜苏芮”外围影响，浙江省、广东省局部地区出现强降雨。鉴于此，财政部、应急管理部紧急预拨了 9 000 万元来支持福建省、浙江省、广东省三省，做好台风“杜苏芮”防汛抢险救灾工作。此外，海事部门还组织了各类船舶 300 余艘投入海上应急，最大限度地减少了台风灾害的损失。

（资料来源：中国新闻网，有改动）

## 二、雷电灾害

雷电（见图 8-3）是雷和闪电的合称，一般产生于对流强烈的积雨云中，常伴有强烈的阵风和暴雨，有时还伴有冰雹和龙卷风。

图 8-3　雷　电

人被雷电击中时，电流会迅速通过人体，被击者大部分会出现表皮脱落、皮内出血、内脏破裂等症状，甚至会当场死亡。即便未被雷电直接击中，雷电产生的电火花也会对附近人员造成不同程度的灼伤。

知识链接

### 雷电伤人的方式

雷电伤人的方式主要有以下 4 种。

（1）直接雷击。

人体是一个良导体，雷电电流可以从人的头顶直达两脚，然后流入大地。在强大的雷电电流面前，人即便穿着橡胶鞋也无济于事。

（2）接触电压。

雷电击中高大的物体（如高楼、树木等）时，会使这些物体产生高达几万到几十万伏的电压。人一旦触碰到这些物体，就极易伤亡。

（3）旁侧闪击。

雷电电流可将空气击穿，此时若人在被雷击中的物体附近，雷电电流就会经人体流入大地。

（4）跨步电压。

雷电击中地面时会产生电场，若人站在附近且两脚所站位置不同，在人的两脚之间就会产生电位差，这种电位差就会产生电压，即跨步电压。两脚之间的距离越大，跨步电压越大，人发生伤亡的概率也越大。

在雷电天气，大学生应采取以下应对措施。

（1）关闭电器，拔掉电源插头，以防雷电从电源线入侵室内。

（2）在没有安装避雷装置的建筑物内时，应远离钢柱、自来水管和暖气管道，不靠近窗户，以防电流经这些金属管道窜入人体。

（3）尽量不在雷雨天洗澡，切忌使用太阳能热水器，因为太阳能热水器一般安装在高于避雷针的地方。

（4）不在空旷的野外停留，尽量不使用手机。若身处空旷地带，则应远离孤立的大树、电线杆、广告牌、建筑物（见图 8-4）等，还应尽量寻找低洼处藏身；多人共处时，应相隔几米，以防被雷电击中后电流在人体之间相互传导。

图 8-4　远离孤立的建筑物

（5）若有人被雷电击中，则应立即采用心肺复苏术对其进行抢救，并拨打 120 急救电话。

## 案例 2　大学生校内打电话遭雷击身亡

20 岁的小华是某大学的学生。一天傍晚，小华和两名同学准备一起到校外吃晚饭。当他们走到学校东门附近的空地时，只听空中传来一声闷响，小华被雷电击中，倒地不起。同行的两名同学也遭受到了雷击，所幸并无大碍。

事发时，一名保安正好目击了这一情况。该保安称，小华遭遇雷击时正在打电话，他看到小华倒地便赶忙上前查看情况，并第一时间通知了学校医务室。医务人员赶到后立即对小华进行了抢救，但最终还是没能挽回小华的生命。

（资料来源：百家号，有改动）

### 案例3　雨天出行须谨慎，防范雷击记心间

某年7月27日，大学生小吕和他的同学结伴走在一条开阔的路上，突然一声巨响，两人被雷电击中倒地。小吕的同学很快苏醒过来，他发现小吕双眼紧闭，全身有多处电击伤口，并且已经没有了心跳，于是便急忙拨打了120急救电话。

小吕在重症加强护理病房里被抢救了118分钟后，竟奇迹般地恢复了心跳，但其血液中的白细胞几乎全部死亡，需要进行全身换血。当地居民得知消息后，纷纷自发前往献血站献血。遗憾的是，经过数日的抢救，小吕最终还是去世了。

（资料来源：百家号，有改动）

## 三、高温灾害

气温在35℃以上时即可称为高温天气。一般来说，高温天气有两种情况：一种是气温高、湿度小的干热性高温；另一种是气温高、湿度大的闷热性高温，又称“桑拿天”。

### （一）高温的危害

高温的危害主要有以下几点。

（1）使人睡眠不足、食欲不振、免疫力下降。

（2）导致人体体温调节中枢功能出现障碍或汗腺功能衰竭，从而引发中暑。

（3）过强的紫外线容易导致皮肤病甚至皮肤癌。

（4）导致人体血管扩张，血液黏稠度增加，进而引发脑出血、脑梗死、心肌梗死等，严重的可能导致死亡。

### （二）高温灾害的应对

大学生可采取以下措施应对高温灾害。

（1）不长时间处于高温环境，在室外时及时补充水分。

（2）作息规律，保证睡眠充足，以提高免疫力。

（3）饮用绿豆汤、菊花茶等，不过度饮用冷饮。

高温天气易使人中暑。中暑后，患者一般会出现头痛、眩晕、心悸、恶心等症状，若不及时处理，则可能会出现发烧、抽搐、昏迷等状况。发现有人中暑时，大学生可采取以下应对措施。

（1）将患者转移至阴凉、通风处坐下或躺下休息。

（2）给患者喂食一些加糖的淡盐水或清凉饮料，以补充因大量出汗而失去的盐和水分。

（3）若患者发烧，则可用冷水擦拭其身体，并用浸了冷水的毛巾在其前额、腋下和大腿根处冷敷。

（4）当患者病情严重时，应注意其呼吸、脉搏，并尽快拨打 120 急救电话或直接将其送往医院。

### 案例4 高温中暑

某日中午，大学生小周踢了两个小时的足球后，喝了半瓶冰镇矿泉水，随后就感到头晕、恶心、浑身无力，于是前往医院就诊。

在医生的告知下，小周才知道自己中暑了。原来，人在大量出汗后喝冰水，易导致血管收缩，无法排汗，进而引发中暑。医生还叮嘱小周，大量出汗后不可直接对着空调吹，也不能冲凉水澡，否则容易引起血管痉挛，严重的还会引起休克、脑水肿，甚至危及生命。

（资料来源：搜狐网，有改动）

## 四、洪涝灾害

洪涝灾害（见图 8-5）是指江、河、湖、水库等的水位猛涨，堤坝漫溢或溃决，使洪水泛滥而造成的灾害。

图 8-5 洪涝灾害

洪涝灾害不仅会使农田、房舍被淹没，还会使水源受到污染、滋生传染病，对人类生产生活造成极其严重的影响。我国约有三分之二的国土遭受着不同程度洪涝灾害的威胁。

面对洪涝灾害，大学生可从以下几个方面加以应对。

（1）洪涝来临前，准备一些食物和饮用水，迅速撤离到高地。

（2）洪涝来临时，趁水势不大，就近收集一些木板、泡沫箱等作为救生设备。

（3）在山区被洪水围困时，要固守在高地并等待救援。

（4）当被困在低洼地区且情况危急时，有通信条件的，可利用通信工具向当地政府和防汛部门报告受困情况和洪水态势，并寻求救援；无通信条件的，可制造烟火或来回挥动鲜艳的衣物，以向外界发出紧急求助信号。

（5）落入水中时，应迅速抓住周围可利用的漂浮物，然后在水上漂浮，等待救援。

## 案例5 大学生被困泄洪区域

某日15时，某市辖区派出所接到报警，称有两名大学生被困在当地水库的泄洪区。随后，民警带齐装备火速赶赴现场，发现被困大学生站在距离岸边30米的河中滩涂上，而且水流湍急，水位也在不断上涨，形势十分危急。

民警迅速穿上救生衣，携带绳索，冒险蹚水过河。经过20多分钟的救援，被困大学生被成功转移至安全地点。救援刚结束，水位便猛涨了30厘米。

经了解，这两名大学生相约在该泄洪区游玩，不料上游区域因连降暴雨而开闸泄洪，致使下游河水不断上涨。两人发现后为时已晚，只好站在河中滩涂上等待救援。

（资料来源：网易网，有改动）

### 积水中如何避免触电

洪涝过后，道路上存在积水是极其常见的现象。为避免触电，大学生应尽量走没有积水的道路。若不得不在有积水的道路上行走，则一定要随时观察附近有无供电设备，是否有电线断落在积水中。

若发现有电线断落的情况，则应及时拨打 95598 全国供电服务热线。若电线恰巧落在离自己很近的积水中，则一定要保持镇定，不能随意乱跑，否则会产生跨步电压。正确的应对方式是单腿跳跃着离开现场，通常只要与电线的距离超过 10 米，就不会触电。

## 五、冰雹灾害

冰雹（见图 8-6）是指从对流云中降落的由透明和不透明冰粒相间组成的固态降水。冰雹虽然持续时间不长（一般为数分钟），但是来势猛、强度大，并且常常伴有狂风暴雨，不仅会对农作物造成毁灭性灾害，使粮田颗粒无收，还会砸坏建筑物、车辆，威胁行人的生命安全。

图 8-6　冰　雹

大学生可采取以下措施应对冰雹灾害。

（1）看到冰雹降落，应迅速转移至室内，或者在公交站顶棚、大树等遮挡物下躲避。若附近没有遮挡物，则应立即蹲下并双手抱头；若随身携带书包、书本等，则可将这些物品放在头顶。

（2）躲避冰雹时，尽量顺风走，这样可避免与冰雹发生“正面冲突”。

（3）若发现有人被砸伤，则应立刻将其转移至安全地点并进行急救。

### 案例 6　毕业设计作品展上遇冰雹

某年 4 月 24 日，某学院正在图书馆前的操场上举行毕业设计作品展暨就业推荐会。当日 15 时左右，天气突变，风雨骤起，冰雹急落，临时搭建的简易棚被吹飞，倒塌的铁架和杂物造成多名大学生受伤。

参加就业推荐会的张同学告诉记者：“当时落下的冰雹有指甲盖那么大，太恐怖了！”当时还有一些大学生正在上体育课，老师急忙让他们转移至体育场馆内避险。此外，还有一些大学生机智地将凳子顶在头上以躲避冰雹袭击。

（资料来源：百家号，有改动）

## 知识链接

### 沙尘暴

沙尘暴（见图8-7）是“沙暴”和“尘暴”的总称，是指强风把地面大量沙尘物质吹起并卷入空中，使空气特别混浊，水平能见度小于1 000 m的严重风沙天气现象。强干冷锋气流在过境疏松的沙尘地面时，往往会出现强烈的沙尘暴，使土壤变得贫瘠，农作物及各种设施遭到掩埋，而且还会污染环境，危害人体健康。

图8-7　沙尘暴

沙尘暴在我国主要发生在西北地区的春季。防治沙尘暴的措施主要有恢复植被、建立防护林体系等。

## 课后互动

以小组为单位，就以下问题进行交流、讨论。

★ 你所在的地区容易出现哪些气象灾害？

★ 你遭遇过哪些气象灾害？你是如何应对的？

# 第二节 地质灾害的应对

地质灾害是指由自然因素或人为因素引起地质环境恶化而导致的灾害，如地震、滑坡、泥石流、崩塌、地面塌陷等灾害。我国是一个地质灾害频发的国家，每个大学生都应该树立安全防范意识，在地质灾害来临时，能采取正确的应对措施。

### 案例7 发现泥石流前兆，成功避险

某年8月27日，某县出现强降雨天气。当日，该县某村党支部书记苏某、该镇小学老师何某和22名家长、33名学生一同返校。返校队伍经过某地段时，苏某和何某等人通过现场观察，并结合地质灾害防治经验，发现了泥石流发生的前兆，于是立即阻止相关人员通行，同时迅速组织人员撤离到安全区域避险。随后，泥石流从山坡上奔涌而下。

苏某、何某等人科学预判、反应及时、处置得当，成功避免了人员伤亡。

（资料来源：中国自然资源报，有改动）

## 一、地震灾害

地震是指地球内部运动所引起的地壳震动现象。地震的破坏性极强，能在短时间内摧毁大片建筑物（见图8-8），造成大量人员伤亡。地震可分为主震、前震和余震3种，其中震动最强烈的地震称为主震，主震之前发生的地震称为前震，主震之后发生的地震称为余震。

图8-8 地震摧毁大片建筑物

### （一）地震发生的前兆

地震发生的前兆如下。

（1）地下水异常。地下岩层受到挤压或拉伸，会导致地下水（如泉水、井水等）水位突然上升或下降，或者地下水因地壳内部溢出气体和某些物质而冒泡、发浑、变味等。

（2）动物异常。震前 1～2 天，动物会显得烦躁不安：牛、马不进圈，嘶鸣声不止；鸡不进笼，鸭不下水；一些冬眠的蛇苏醒，爬到树上；鱼惊慌乱游，有的翻白肚；等等。

（3）出现地光和地声。地光是地震发生前、发生时、发生后都可能出现的一种自然现象，形状和颜色多样，片状光、弧状光和带状光多为青白色，地面冒出的火团则多为红色。地声是一小部分地震波能量传入空气变成声波而形成的声音，通常类似燃烧声、雷电声、炮火声、风浪声等。

### （二）地震灾害的应对

地震发生时，大学生可采取以下应对措施。

（1）立即逃跑，若无法马上从室内逃出，则可躲在墙角或坚实的家具下（见图 8-9），不要躲在窗下或电梯中，更不要轻易跳楼。

图 8-9　躲在墙角或坚实的家具下

（2）选择好躲避处后，应蹲下或坐下；抓住身边牢固的物体（如牢固的桌腿等），以免摔倒或因身体失控、移位而受伤；低头，用手护住头部或后颈。

（3）若在行驶的汽车或火车内，则应抓牢扶手，以免摔伤或碰伤，同时要将行李架上的行李放好，以免其掉下伤人。

地震停止后，为防止余震伤人，不应轻易进入未倒塌的建筑物内。若被倒塌的建筑物压埋，则可采取以下应对措施。

（1）在条件允许的情况下活动手脚，移走压在身上的物品。

（2）用周围可挪动的物品来支撑身体上方的重物，以免其进一步塌落。

（3）几个人同时被困时，要相互鼓励、团结一致，如图 8-10 所示。

图 8-10　被困时相互鼓励、团结一致

（4）寻找、开辟通道，朝着安全、宽敞、有亮光的地方移动，设法逃离险境。若一时无法脱险，则应尽量节省体力，创造生存条件，以等待救援。

**法制专栏**

### 我国法律对防震减灾活动的规定

《中华人民共和国防震减灾法》第八条规定，任何单位和个人都有依法参加防震减灾活动的义务。国家鼓励、引导社会组织和个人开展地震群测群防活动，对地震进行监测和预防。国家鼓励、引导志愿者参加防震减灾活动。

## 二、滑坡灾害

滑坡（见图 8-11）是指斜坡上的土体或岩体受河流冲刷、地下水活动、地震等因素的影响，在重力作用下沿着一定的软弱结构面，整体或分散地顺坡向下滑动的现象。滑坡会阻塞河道，摧毁道路、桥梁、厂房等，对人们的生命财产造成不同程度的危害。

图 8-11 滑 坡

提示

软弱结构面是指摩擦系数相对较小、延伸较长且普遍充填有软弱松散物质的结构面。

滑坡往往有其前兆，若采取积极的应对措施，则可将危害降至最低。具体来说，滑坡的前兆有：① 滑坡体的前部出现放射状裂缝；② 滑坡体前缘坡脚处出现凸起现象。发现山体出现这两种现象时，应迅速从山体侧面撤离至安全地点，并告知附近居民或行人不要靠近，同时及时向当地有关单位报告。

当遭遇滑坡时，应尽量保持冷静，并迅速向山体两侧跑，千万不要向上或向下跑。若身处滑坡体之上无法逃离，不能慌乱，应在滑坡体滑动时待在原地不动或抱住大树。

## 案例 8 及时发现隐患，村民成功脱险

某年 8 月 17 日凌晨，某村 53 岁村民巫某正准备关灯睡觉，突然发现客厅地面出现了一条约 1 厘米宽的裂缝，从屋内一直延伸至门外的院子里，并且在屋里的墙角处有不少墙灰，她还听到了石头碰撞的声响。

巫某立刻给村主任郭某打电话，向他报告了这些异常现象。随后，巫某叫上家人，离开房屋，并向周围的邻居大声喊道：“有危险，快跑！”但邻居们都处于熟睡状态，未见有人行动。

5 分钟后，由村干部、民兵组成的应急队伍前来疏散村民。“哐哐”的铜锣声越来越大，村民家中的灯都亮了起来，大家赶忙往屋外跑。巫某一家人及周边 6 户村民共计 17 位村民，在 10 分钟之内被转移至山坡对面。半小时后，该村便发生了山体滑坡，6 户村民的房屋被夷为平地。

（资料来源：品阅网，有改动）

## 三、泥石流灾害

泥石流（见图 8-12）是指由暴雨、洪水或其他自然灾害引发的携带大量泥沙及石块的洪流。滥伐森林、开山采矿等人类活动是导致泥石流发生的重要原因之一。

图 8-12　泥石流

泥石流具有流速快、流量大、破坏力强等特点，常常会冲毁公路、铁路等交通设施甚至村镇等。面对泥石流，大学生可采取以下预防与应对措施。

（1）野外露营时，应选择平整的高地作为营地，不在山谷底、干涸的河床上或有滚石和大量堆积物的山坡下扎营。

（2）若沿山谷徒步行走时遇到大雨，则应迅速转移至安全的高地，不在山谷中停留。

（3）注意观察周围的环境，特别留意远处山谷中有无打雷般的声响，若有，则应提高警惕，因为这可能是泥石流发生的前兆。

（4）当泥石流向自己奔涌而来时，应立即向与泥石流下滑方向垂直的两侧山坡高处跑，不要停留在凹坡处。

### 案例 9　消防人员成功转移被困人员

某日，某县一条河流附近发生泥石流，当地一施工队寝室被泥石流冲走，道路被阻断，导致 13 人被困。该县消防救援大队接警后，迅速派出 9 名消防人员前往救援。

消防人员到达后发现，泥石流发生在距离施工队寝室 3 千米处，道路已经被淤泥覆盖，最深处达 40 厘米，消防车无法继续通行。消防人员只好携带机动链锯、

绳索等救援装备徒步前进，经过近 1 小时的艰难前行，才到达了施工队寝室。后又经过 90 分钟的紧张搜救，消防人员成功将 13 名被困人员转移至安全区域。

（资料来源：人民资讯，有改动）

## 四、崩塌灾害

崩塌（见图 8-13）是指较陡斜坡上的岩块或土体在重力作用下突然坍塌并向坡脚急剧崩落的地质现象。岩体崩塌称为岩崩，土体崩塌称为土崩，规模巨大、涉及山体的崩塌称为山崩。

图 8-13 崩 塌

崩塌发生的前兆如下。

（1）山体前缘不时有石块掉落。

（2）山脚出现新的开裂痕迹，空气中有异常气味。

（3）不时能听到岩石摩擦、碎裂的声音。

（4）地下水的水量、水质异常。

（5）动植物异常，如猪、狗、牛四处乱窜，树木枯萎或歪斜等。

崩塌即将发生或正在发生时，若处于崩塌体底部，则应迅速向崩塌体两侧逃生；若处于崩塌体顶部，则应迅速向崩塌体后方或两侧逃生。

### 案例 10 发现崩塌前兆后及时上报

某年 8 月 26 日 8 时，某镇一村民途经国道 G541 某路段时发现，山坡边有石块滚落，遂报告地方政府和驻守地质队。驻守地质队现场勘察后发现，该段国道内侧的山坡发生局部崩塌，体积约 30 立方米，上方仍有约 500 立方米的不稳定残余体。当地政府部门和驻守地质队磋商后，划定了危险区范围，设置了警戒线和警示标识，并对该段道路进行了封闭断道，而且还落实了专人加强巡查。

同年9月6日9时左右，该山坡再次发生崩塌，体积约20 000立方米，造成两段共约120米路面被埋，崩塌体大部分堆积在下方国道，仅有少部分落入国道外侧的河流中。由于该段国道一直处于禁止通行状态，因此未造成人员伤亡和车辆受损。

（资料来源：环球网，有改动）

## 五、地面塌陷灾害

地面塌陷（见图8-14）是指地表岩体或土体在自然因素或人为因素作用下向下陷落，并在地面形成塌陷坑的地质现象。建筑物、汽车、行人等都有可能陷入塌陷坑中。

图8-14　地面塌陷

大面积地面塌陷发生的前兆如下。

（1）井水、泉水突然干枯或变得浑浊，水位骤然下降。

（2）地面凸起，出现环形开裂、沉降等现象。

（3）建筑物倾斜、开裂或有异响。

发现上述前兆时，应尽快通知人群撤离到安全地带，并及时拨打12345政务服务便民热线，向其说明具体情况。若不小心落入塌陷坑中，应保持镇定，小心地移动身体，以防塌陷物砸到自己身上；护住口鼻，以防粉尘进入口鼻；保存体力，适时呼救，等待救援。

## 案例11 路过女子掉入塌陷坑内，不幸遇难

某日，某市地下通道工程附近道路发生塌陷，塌陷区域呈半圆形，经测量直径约 8 米，深度约 5 米，一名骑车路过的女子掉入塌陷坑内。辖区应急、消防、公安、医疗等单位第一时间到达现场，并进行了紧急救援。两个小时后，该女子被救出，但已不幸遇难。

（资料来源：搜狐网，有改动）

## 法制专栏

### 《地质灾害防治条例》对地质灾害的规定

《地质灾害防治条例》第九条规定，任何单位和个人对地质灾害防治工作中的违法行为都有权检举和控告。在地质灾害防治工作中做出突出贡献的单位和个人，由人民政府给予奖励。

《地质灾害防治条例》第十五条规定，地质灾害易发区的县、乡、村应当加强地质灾害的群测群防工作。在地质灾害重点防范期内，乡镇人民政府、基层群众自治组织应当加强地质灾害险情的巡回检查，发现险情及时处理和报告。国家鼓励单位和个人提供地质灾害前兆信息。

## 课后互动

以小组为单位，就以下问题进行交流、讨论。

★ 你所在的地区容易出现哪些地质灾害？

★ 你遭遇过哪些地质灾害？你是如何应对的？

笔记

# 综合测试

## 一、填空题

（1）_______是指从对流云中降落的由透明和不透明冰粒相间组成的固态降水。

（2）_______是指地球内部运动所引起的地壳震动现象。

（3）_______是指较陡斜坡上的岩块或土体在重力作用下突然坍塌并向坡脚急剧崩落的地质现象。它包括_______、_______、_______。

## 二、单项选择题

（1）台风是指发生在西北太平洋和南海海域，中心附近最大风力达（　　）级或以上的热带气旋。

A．11　　B．12

C．13　　D．14

（2）在雷电天气，下列做法中正确的是（　　）。

A．关闭电器，拔掉电源插头

B．在野外的空旷地带打电话

C．在孤立的大树、电线杆、广告牌下躲雨

D．在没有安装避雷装置的建筑物内，靠近自来水管

（3）面对洪涝灾害，下列做法中不正确的是（　　）。

A．洪涝来临前，迅速撤离到高地

B．在山区被洪水围困时，跑下高地寻求救援

C．落入水中时，应迅速抓住周围可利用的漂浮物

D．当被困在低洼地区且无通信条件时，可通过制造烟火或来回挥动鲜艳的衣物，以向外界发出紧急求助信号

## 三、简答题

（1）大学生可采取哪些措施应对冰雹灾害？

（2）地震停止后，若被倒塌的建筑物压埋，则可采取哪些应对措施？

（3）滑坡发生的前兆有哪些？

## 学习成果评价

指导老师根据学生的实际学习成果对学生进行评价，学生配合指导老师共同完成表 8-1 所示的学习成果评价表。

表 8-1 学习成果评价表

| 班级 | | 组号 | | 日期 | |
|---|---|---|---|---|---|
| 姓名 | | 学号 | | 指导老师 | |
| 学习成果/模块名称 | 应对自然灾害 | | | | |
| 评价项目 | 评价内容 | 评价方式 | 满分/分 | 评分/分 | |
| 知识 40% | 台风、雷电、高温、洪涝、冰雹等气象灾害的危害及应对方法 | 理论测试 | 20 | | |
| | 地震、滑坡、泥石流、崩塌、地面塌陷等地质灾害的危害及应对方法 | | 20 | | |
| 技能 40% | 正确应对台风、雷电、高温、洪涝、冰雹等气象灾害 | 实践操作 | 20 | | |
| | 正确应对地震、滑坡、泥石流、崩塌、地面塌陷等地质灾害 | | 20 | | |
| 素养 20% | 积极参加教学活动，主动学习、思考、讨论 | 综合评判 | 6 | | |
| | 认真负责，按时完成学习任务 | | 4 | | |
| | 谦虚勤勉，能够认识到自己的不足 | | 4 | | |
| | 团结同学，热情友善 | | 4 | | |
| | 守正创新，自信自强 | | 2 | | |
| 合计 | | | 100 | | |
| 自我评价 | | | | | |
| 指导老师评价 | | | | | |

## 安全小讲堂

# 参考文献


[1] 林水生. 大学生安全教育 [M]. 镇江：江苏大学出版社，2019.

[2] 于一才，刘翠玲，覃文德. 突发事件应对与安全教育 [M]. 北京：航空工业出版社，2011.

[3] 宁选应. 校园安全教育读本 [M]. 北京：航空工业出版社，2016.

[4] 贺敏，王秀琴. 心理健康教育 [M]. 镇江：江苏大学出版社，2019.

[5] 邹庆华. 大学生健康教育 [M]. 北京：航空工业出版社，2011.